ADAC Reiseführer

Florida

Strände · Erlebnisparks · Museen · Natur
Shopping · Nachtleben · Hotels · Restaurants

Die Top Tipps führen Sie zu den Highlights

von Heike und Bernd Wagner

Intro

Unterwegs

REEF

Karten und Pläne

Service

Leserforum

Die Meinung unserer Leserinnen und Leser ist wichtig, daher freuen wir uns von Ihnen zu hören. Wenn Ihnen dieser Reiseführer gefällt, wenn Sie Hinweise zu den Inhalten haben – Ergänzungs- und Verbesserungsvorschläge, Tipps und Korrekturen –, dann kontaktieren Sie uns bitte:

Redaktion ADAC Reiseführer
Gräfe und Unzer GmbH
Grillparzerstr. 12, 81675 München
adac.reisefuehrer@graefe-und-unzer.de

Florida Impressionen

Von der Sonne verwöhnt

Mit schwungvollem Pinselstrich malt Florida das Bild eines subtropischen Ferienparadieses an den sonnigen Südzipfel der USA. Es ist das Land der schwingenden Palmen, der sandigen Strände und grünen Sümpfe, der ruhigen Flüsse und sprudelnden Quellen, das Domizil von Alligatoren, Disney World und gewaltigen Mondraketen. An seinen kilometerlangen feinsandigen **Stränden** verbringen lerngestresste Studenten ihre Osterferien, vergnügen sich Touristen aus aller Herren Länder bei Wahlen der ›Miss Bikini‹ und des durchtrainiertesten ›Muskelmannes‹, bei Beach-Volleyball-Turnieren, Wettbewerben im Sandburgenbau und zahlreichen Wassersportarten. Florida wirkt mit seinem leidenschaftlichen Nationalstolz und seiner überschäumenden **Gastfreundschaft** ›typisch amerikanisch‹, und doch unterscheidet es sich in seiner subtropischen Lebensweise vom Rest der Nation!

Inseln am Rande des Kontinents

Formvollendet tröpfelt Florida im äußersten Südosten der USA in der lang gezogenen Inselkette der **Florida Keys** aus. Der südlichste Punkt, **Key West**, schnuppert bereits Karibikluft. In der nur 145 km von Kuba entfernten, lebensfrohen Stadt zieht sich zwischen dem Golf von Mexiko und dem Atlantik eine subtropische Restaurant- und Geschäftsmeile dahin.

An diesen einladenden Gestaden endet jeder Tag – filmreif – mit einem Segeltörn in den traumhaften Sonnenuntergang hinein und mit tropisch-fruchtigen Drinks wie etwa den *Daiquiris* – gemixt aus karibischem Rum, zerstoßenem Eis und exotischen Fruchtsäften. Von einfach

Oben rechts: *Palmen und schicke Autos – ein typisches Szenario in Naples*
Unten links: *Guten Appetit – Pancakes mit Sirup sind ein schmackhaftes Frühstück*
Unten rechts: *Friedliche Abendstimmung auf Islamorada in den Florida Keys*

bis exotisch variieren die Menüs: Steaks gibt es in allen Variationen, aber auch Austern frisch oder überbacken, Haifischsteaks, Garnelen oder Alligatoreintopf. Zum Dessert wird der *Key Lime Pie* bevorzugt – aber nur der ›Grüne‹ mit den Original-Limonen der Florida Keys ist ›authentisch‹.

Parallel zur Inselkette erstreckt sich in einem langen Bogen das einzige lebende **Korallenriff** der USA. Außergewöhnliche Tauch- und Schnorchelgründe offenbaren farbenprächtige Fisch- und Korallenreichtümer. Trockenen Fußes schwebt man mit Glasbodenbooten über die tief blaugrünen Gewässer der Riffe.

Junge Metropolen

Im ausgehenden 19. Jh. erschlossen erste Siedler die sumpfigen Weiten **Südfloridas**. Seither hat sich die Region explosionsartig entwickelt. Schnell Emporgeschossenes verbreitet eine **Atmosphäre** von unaufhaltsamer Dynamik und artifizieller Ultrasauberkeit. Schnurgerade durchschneiden Highways flache Landschaften, begleitet von alligatorbesetzten, grünwässrigen Kanälen, an deren Ufern die glitzernden Einkaufszentren und Wohnviertel des 21. Jh. aufragen.

Im subtropischen Südflorida pulsiert ein eigener, ungezwungener **Lebensstil**. Braun gebrannte Menschen, gestylte Hotels und Restaurants füllen die Großstädte und Urlaubsorte, knallig bunte Neonbeleuchtungen und Popmusik geben den Takt an. Im Trendsetterort **Miami Beach** bietet das *Art-déco-Viertel* pastellfarbene Bauten, langbeinige Supermodels und den endlosen Ozean. Wassertaxis passieren die blumengesäumten Kanäle des mondänen **Fort Lauderdale,** des ›Venedigs Nordamerikas‹.

Oben rechts: *Nur keine Langeweile – Clearwater Beach bietet Spaß für jedes Alter*
Unten links: *Blick von der Pier auf Downtown St. Petersburg*
Unten rechts: *Bummeln und Essen im lebhaften Zentrum von Fort Myers Beach*

Von Küste zu Küste

Wie Wachposten reihen sich vor Floridas Atlantikküste die ›Barrier Islands‹ auf – lange, grazile Nehrungsinseln, die das hier flache Festland vor der Erosion durch Wind und Wellen schützen. Die beeindruckende *Küstenstraße SR A1A* spielt Inselhüpfen am Atlantik, über zahllose Brücken schwingt sie sich immer am Strand entlang. Auf dieser Reise von der beliebten Ferieninsel **Amelia Island** im Norden bis Miami Beach im Süden offenbart sich die Vielfalt Floridas.

St. Augustine ist ein Kleinod aus spanischer Kolonialzeit – und die am längsten bewohnte europäische Stadt nördlich von Mexiko. Stumme Zeitzeugin der längst vergangenen Gründungstage ist die Festung *Castillo de San Marcos*. Rennfahrerstadt nennt sich **Daytona Beach** mit dem berühmten Strand, an dem einst Weltrekorde gefahren wurden und auf dem sich noch heute Autos – allerdings nur im Schrittempo – bewegen dürfen.

Ganz in der Nähe des **Kennedy Space Center**, des US-Weltraumbahnhofs, erstreckt sich auf dem Gebiet der **Canaveral National Seashore** einer der schönsten Atlantikbadestrände der Region.

Kein Punkt Floridas ist mehr als 120 km vom Meer entfernt, der Weg vom Atlantik zum Golf von Mexiko nur ein Katzensprung. Traumurlaube an weißen Sandstränden unter Palmen bietet die buchtenreiche Golfküste im Westen – im quirligen **Fort Myers Beach** und **St. Pete Beach**, in eher gemächlichen Badeorten wie **Naples** oder auf verträumten Inseln wie **Sanibel** und **Caladesi Island**. Nordwärts die Küste hinauf schließt sich ein unbekannteres, nicht minder idyllisches Florida an – mit Schmuckstücken wie dem griechischen Schwammtaucherstädtchen **Tarpon Springs**, den glasklaren **Homosassa Springs** und der verschwiegenen Insel **Cedar Key**. Die Golf-

küste ist zudem Heimat des Ringling Museum of Art in **Sarasota** und des The Dalí Museum in **St. Petersburg**, zwei der renommiertesten Kunsttempel Floridas.

Natur pur

Direkt an die Grenzen des Großraums Miami – Fort Lauderdale – Palm Beach schließen sich als dramatischer Kontrapunkt zum Beton und Glas der Städte die Weiten der **Everglades** an. In dieser geheimnisvollen Graslandschaft lauern urweltlich anmutende *Alligatoren*, stolzieren *Rosalöffler* durch die Tümpel, behäbige *Seekühe* tummeln sich in ruhigen, warmen Flüssen, über den Kronen alter Zypressen segeln majestätisch *Weißkopfseeadler*, die Wappentiere der USA, und *Delfine* springen durch die grünblauen Wasser der **Ten Thousand Islands**. In diesem Labyrinth Tausender mangrovenbesetzter Eilande löst sich die wässrige Graslandschaft der Everglades allmählich im Golf von Mexiko auf.

Mickey & Co.

Bis Mitte der 1970er-Jahre war **Orlando** eine verschlafene Stadt im Herzen Floridas. Erst das Disney-Zeitalter von Mickey Mouse & Co. entfachte den gigantischen Boom, in dessen Gefolge sich in der Nachbarschaft immer neue Touristenattraktionen ansiedelten, an der Spitze weltbekannte Erlebnisparks wie **Universal Orlando** und **SeaWorld**.

Außerhalb der quirligen Parks lassen *Ranchausritte* oder *Kanufahrten* auf dem

verträumten Wekiva River den Trubel der Großstadt vergessen. Das ruhige, von Land- und Forstwirtschaft bestimmte Umland Orlandos bietet ein naturnahes Kontrastprogramm. Dicht bewaldete, leicht gewölbte Hügel laden zu *Wanderungen,* glasklare Quellen und Flüsschen zum *Schwimmen* ein.

Im Norden – ein anderes Gesicht

An den schneeweißen Traumstränden der lang gezogenen Küste im *Panhandle*, dem ›Pfannenstiel‹ Floridas, reihen sich architektonische Schmuckstücke wie **Seaside** oder populäre Urlaubsorte wie **Fort Walton Beach** auf. Einzigartig und wenig überlaufen sind die Strände auf **St. George Island** oder der **Gulf Islands National Seashore**. Nur wenige Kilometer im Inland lädt ein weiterer idyllischer Fleck, **Wakulla Springs,** zu Bootsfahrten durch urwüchsige Natur und Begegnungen mit Alligatoren ein.

Die knapp 1300 Straßenkilometer zwischen Key West und **Pensacola** dokumentieren die Weite Floridas, in der höchst unterschiedliche Kulturräume zu Hause sind. Uralte Eichen mit dem lang herabhängenden, graubärtigen *Spanischen Moos* verbreiten eine beschauliche Ruhe in Floridas bewaldetem Norden, in dem sich die zurückgezogene Lebensart aus den Blütezeiten einer längst verblichenen Plantagenherrlichkeit in die Gegenwart hinübergerettet hat.

Oben links: *Feiern bis zum Morgengrauen – kein Problem in Miami Beach*
Oben rechts: *Bonbonfarbene Holzhäuser zieren Key Wests Duval Street*
Links: *Ein wahrhaft spritziges Vergnügen – Airboatfahrten in den Everglades*

Geschichte, Kunst, Kultur im Überblick

Von Missionaren und Mickey Mouse, Reichen und Raketenforschern

1492 Bei seiner Landung an der Küste Amerikas nennt Christoph Kolumbus in der Annahme, in Indien zu sein, die Ureinwohner des Landes ›Indianer‹. Ende des 15. Jh. leben mindestens 1,5 Mio. dieser ›Native Americans‹ aus 240 Stämmen auf dem Gebiet der heutigen USA und Kanada. Nur wenige markante archäologische Fundstellen wie die Grabhügel (Burial mounds) in Crystal River dokumentieren die präkolumbische Zeit in Florida.

1513 Juan Ponce de León, ehemaliger spanischer Gouverneur von Puerto Rico, betritt zur Zeit des österlichen Blumenfestes (span. Pascua florida) im Bereich von St. Augustine das Festland und nimmt es unter dem Namen Florida für Spanien in Besitz. Seefahrer hatten die Küsten bereits zuvor gesichtet, vielleicht sogar betreten, und ihren Verlauf 1502 auf Karten skizziert.

1521 Auf einer erneuten Expedition wird Juan Ponce de León bei Fort Myers von Indianern verwundet und stirbt in Kuba an den Folgen.

1528 Eine spanische Expedition unter Pánfilo de Narváez landet in der Tampa Bay und zieht auf der Suche nach Gold Richtung Norden. Krankheiten, Hunger und Indianerüberfälle zwingen sie zu einer überstürzten Flucht in notdürftig zusammengezimmerten Booten Richtung Mexiko.

1539 Hernando de Soto, spanischer Gouverneur von Kuba, landet mit einer Streitmacht von 600 Soldaten in der Tampa Bay und überwintert auf dem Gebiet der heutigen Stadt Tallahassee. Nach dreijähriger Expedition durch den Südosten der heutigen USA stirbt de Soto am Mississippi.

1549 Der Dominikanerpater Luis Cancer de Barbastro wird bei Missionierungsversuchen an der Tampa Bay von Indianern getötet.

1559 Der Spanier Don Tristan de Luna y Arellano landet mit 1500 Gefolgsleuten in der Pensacola Bay. Die Siedlung ist von Versorgungsproblemen geplagt und wird von einem Hurrikan heimgesucht; nach zwei Jahren wird sie aufgegeben. Nach diesem erneuten Fehlschlag verbietet der spanische König weitere Expeditionen nach Florida: Er findet keinen Gefallen an einem Land, in dem statt erhoffter Goldschätze nur unwirtliche Sümpfe liegen.

1562 Franzosen dringen in den spanischen Machtbereich ein. Jean Ribault landet am St. John's River bei Jacksonville.

1564 Unter René de Goulaine de Laudonnaire errich-

Christoph Kolumbus und seine Besatzung nach der Landung an der Küste Amerikas 1492

Admiral und Freibeuter im Auftrag der englischen Krone: Sir Francis Drake

ten die Franzosen bei Jacksonville das Fort Caroline.

1565 Um das französische Vordringen in spanisches Territorium zu unterbinden, gründet der spanische Admiral Pedro Menéndez de Avilés mit 1500 Siedlern St. Augustine, die heute älteste durchgehend besiedelte Stadt in den USA. Im gleichen Jahr vernichtet seine Armee Fort Caroline.

1586 Die Schiffe des englischen Piraten und Seehelden Sir Francis Drake kreuzen vor den Küsten Floridas und zerstören bei einem Angriff Teile St. Augustines.

1622 Auf dem Rückweg von den geplünderten Kolonien Amerikas werden die mit Gold und Silber beladenen spanischen Schiffe vor der Küste Floridas immer wieder von verheerenden Katastrophen heimgesucht. Vor den Keys sinken die ›Atocha‹ und ›Santa Margarita‹ in einem Hurrikan.

1672 In St. Augustine beginnen die Arbeiten an der ersten steinernen Festung in Florida, dem Castillo de San Marcos.

1698 Pensacola wird erneut, diesmal permanent, besiedelt.

1702–04 Im 17. Jh. hatte beharrlicher Missionseifer den spärlich besiedelten Norden Floridas fest in spanische Hände gebracht. Der Spanische Erbfolgekrieg zeigt nun Auswirkungen in Nordamerika: Englische Truppen dringen in den Norden Floridas ein und vernichten zahlreiche Missionen, darunter San Luis de Talimali (Tallahassee), die nach St. Augustine zweitwichtigste Stadt Floridas.

1719 Florida wird von französischen Truppen aus Louisiana angegriffen, die Pensacola erobern.

1720 Die indianischen Ureinwohner Floridas wie Calusa, Apalachee oder Tocobagan sind zwei Jahrhunderte nach dem ersten Zusammentreffen mit den Weißen ausgestorben. Von Norden her wandern zunehmend Seminole-Indianer ein, die von den Weißen aus Georgia und Alabama vertrieben werden. Sie finden eine neue Heimat in den Sümpfen Floridas.

1763 Im Anschluss an den Siebenjährigen Krieg kommt es zu einem Tauschgeschäft: Spanien erhält das von den Briten eroberte Kuba zurück und tritt dafür Florida an Großbritannien ab.

1776–83 Im Nordamerikanischen Unabhängigkeitskrieg bleibt Florida Großbritannien gegenüber loyal. Nach der Niederlage der Briten und der Konstituierung der USA fällt Florida wieder an Spanien zurück.

1817/18 Wachsende Spannungen zwischen Seminolen, die bislang wegen der schwachen spanischen Präsenz in Florida relativ unbehelligt leben, und der wachsenden Zahl weißer Siedler führen zum Ersten Seminolenkrieg. General Andrew Jackson dringt von Georgia aus in Florida ein, zerstört Seminolendörfer und erobert ohne Kriegserklärung das spanische Pensacola.

1819 Im Friedensvertrag von Washington tritt Spanien Florida an die USA ab. Zwei Jahre später wird der Vertrag völkerrechtlich ratifiziert.

1824 Noch mitten in der Wildnis, auf halber Strecke zwischen Pensacola und St. Augustine, findet in Floridas neu ernannter Hauptstadt Tallahassee eine erste Parlamentssitzung statt.

1830 Die US-Regierung beschließt im Indian Removal Act, alle östlich des Mississippi lebenden Indianer – auch die Seminolen Floridas – nach Westen, ins ›Indianerterritorium‹ von Oklahoma, umzusiedeln.

1835–42 Die Seminolen wehren sich mit Gewalt gegen die Zwangsumsiedlung. Im Zweiten Seminolenkrieg erleidet die US-Armee mehr Verluste als in allen späteren Indianerkriegen im Westen zusammen. Gegen die Guerillataktik der Seminolen setzt die US-

Die Astronauten der ersten bemannten Mondlandung 1969: Mike Collins, Neil Armstrong und Edwin Aldrin

amerikanische Armee Verrat und verhaftet 1837 den unter Zusicherung freien Geleits zu Verhandlungen eingetroffenen Indianerführer Osceola. Der Häuptling stirbt im Jahr darauf im Gefängnis. US-Präsident John Tyler beendet 1842 den verlustreichen Krieg ohne Friedensschluss.

1836 Das Eisenbahnzeitalter erreicht Florida. Die 13 km lange Strecke St. Joseph Bay – Wimico Lake und – ein Jahr später – die 32 km lange Route St. Marks – Tallahassee nehmen ihren Betrieb auf.

1845 Florida wird 27. Bundesstaat der USA.

1850 Mit nun 87 000 Einwohnern hat sich Floridas Bevölkerung seit 1830 fast verdreifacht.

1851 Dr. John Gorrie aus Apalachicola erfindet eine Eismaschine, um Krankenhausräume zu kühlen.

1855–58 Dritter und letzter Seminolenkrieg unter Billy Bowlegs im Süden Floridas. Auch dieser Krieg bringt schwere Verluste für beide Seiten. Danach gibt die USA ihre Versuche auf, die Seminolen von Florida nach Westen umzusiedeln.

1861–65 Im Amerikanischen Bürgerkrieg (Sezessionskrieg) steht Florida auf Seiten der Südstaaten (Konföderation) gegen die Nordstaaten (Union). Florida selbst bleibt allerdings weitgehend von Kämpfen verschont. Mit großer Zustimmung der Bevölkerung bleiben die Forts um Key West als einzige in Unionshänden.

1884 Die South Florida Railroad von Henry B. Plant erreicht Tampa.

1886 Vicente Martínez Ybor verlässt Key West und gründet in Tampa die weltgrößte Zigarrenfabrik.

1890 Die Florida East Coast Railway des Eisenbahnmagnaten Henry Morrison Flagler erreicht St. Augustine, vier Jahre darauf West Palm Beach und weitere zwei Jahre später Miami.

1894/95 Der Zitrusboom wird durch einen strengen Winter gestoppt, in dem ein Großteil der Ernte erfriert. Viele Plantagen werden nach Süden verlegt.

1898 Im Spanisch-Amerikanischen Krieg nutzen US-Truppen Florida als Sprungbrett zur Eroberung Kubas.

1900 Die Einwohnerzahl Floridas steigt auf eine halbe Million.

1914 Der erste planmäßige Passagierflugverkehr in Florida führt zwischen St. Petersburg und Tampa über die Tampa Bay.

1915–26 Carl Fisher beginnt mit der Erschließung von Miami Beach. In den 1920er-Jahren entwirft George Merrick Miamis Vorort Coral Gables im spanischen Stil. Addison Mizner plant das mediterran inspirierte Boca Raton. Einem Jahrzehnt des Baubooms folgt der Zusammenbruch des Immobilienmarkts.

1927 Pan American führt den ersten internationalen Flug von Key West nach Havanna durch.

1928 Eröffnung des Tamiami Trail (Tampa – Naples – Miami), der ersten Ost-West-Straßenverbindung durch die Everglades. Ein Hurrikan bei Palm Beach fordert mehr als 2000 Todesopfer.

1930 Der Zirkuskönig John Ringling errichtet in Sarasota das bedeutendste Kunstmuseum Floridas mit einer umfangreichen Sammlung.

1935 Der Labor Day Hurricane vernichtet die Eisenbahnlinie nach Key West. Sie wird nicht wieder aufgebaut.

1947 Mit dem Everglades National Park entsteht Floridas erster Nationalpark.

1958 Die NASA (National Aeronautics and Space Administration) wird ins Leben gerufen. ›Explorer I‹, der erste US-Satellit, startet von Cape Canaveral.

1959 Mit der Machtübernahme Fidel Castros in Kuba und der nachfolgenden Kubakrise ergießt sich eine Flüchtlingswelle nach Florida, in Miami entstehen kubanische Viertel.

1969 Vom Kennedy Space Center startet ›Apollo 11‹ zur ersten bemannten Mondlandung.

1971 Disney World öffnet seine Pforten in Orlando.

1973 Die Miami Dolphins gewinnen den Super Bowl. In einem bislang unerreichten Rekord gewinnen sie alle Saisonspiele im American Football.

1980 Der Phosphatdampfer ›Summit Venture‹ rammt den Hauptpfeiler des Sunshine Skyway über der Tampa Bay, 35 Menschen sterben. – Große Flüchtlingswelle aus Kuba: Rund 120 000 Menschen landen in Key West und den Keys.

1986 Das Space Shuttle ›Challenger‹ explodiert nach dem Start vom Kennedy Space Center mit sieben Astronauten an Bord.

1991 Der Everglades National Park wird um die Chekika Recreation Area erweitert. Nach Landkäufen in den Folgejahren ist er mit nunmehr 6100 km² drittgrößter US-Nationalpark außerhalb Alaskas.

1992 Der Hurrikan Andrew verwüstet den Ort Homestead südlich von Miami.

1994 Erstes Gipfeltreffen der Organisation Amerikanischer Staaten (OAS). Dabei tagen im Schloss Vizcaya in Miami mit Ausnahme Fidel Castros alle amerikanischen Staats- und Regierungschefs.

2002 Seit 1900 hat sich Floridas Bevölkerung auf über 16 Mio. mehr als verdreißigfacht.

2003 Nach einer Wissenschaftsmission im All zerbricht am 1. Februar die US-Raumfähre ›Columbia‹ kurz vor der Landung in Florida. Dabei sterben alle sieben Besatzungsmitglieder.

2005 Eine Reihe von verheerenden tropischen Wirbelstürmen suchen den Süden der USA heim. ›Katrina‹, ›Rita‹, ›Wilma‹ und ›Dennis‹ sorgen für Überschwemmungen und Zerstörungen.

2009 Nach Jahren des Immobilienbooms kollabieren die Grundstückspreise, Banken melden Insolvenz an, Bauvorhaben stoppen.

2010 Die Explosion der Bohrinsel ›Deepwater Horizon‹ im Golf von Mexiko löst die schlimmste Ölpest in der Geschichte der USA aus.

2011 Im Januar wird der Republikaner Richard Lynn ›Rick‹ Scott zum 45. Gouverneur von Florida gewählt. – Im Juli endet mit der Landung der ›Atlantis‹ das Space-Shuttle-Programm der NASA. Angesichts des Haushaltsdefizits der USA vertagt US-Präsident Barack Obama die Pläne für ein neues bemanntes Raumschiff.

2013 Seit Juli ist die Raumfähre ›Atlantis‹, deren letzte Landung das vorläufige Ende der bemannten USA-Raumfahrt bedeutet, im Kennedy Space Center ausgestellt.

2014 Aufgrund des starken Zuzugs von durchschnittlich über 800 Menschen pro Tag hat Florida erstmals mehr Bewohner aufzuweisen als New York. Mit 19,9 Mio. Einwohnern rückt Florida hinter Kalifornien und Texas auf Rang drei der bevölkerungsreichsten US-Bundesstaaten vor.

Nach der Ölpest 2010 – Anwohner fordern Umdenken

2015 Der wiedergewählte Republikaner Rick Scott tritt seine zweite Amtsperiode als Gouverneur an. – Nach der Wiederaufnahme der diplomatischen Beziehungen zwischen den USA und Kuba fallen auch die Reisebeschränkungen zwischen beiden Ländern.

2017 Im Januar Amtsantritt des 45. US-Präsidenten Donald Trump. Wahlentscheidend waren wie üblich die Swing States wie Florida. – Im Mai Eröffnung des Phillip and Patricia Frost Museum of Science in Miami.

Der Hurrikan Katrina hinterließ 2005 in Florida eine Spur der Zerstörung – hier Key Biscayne

MODELS

Unterwegs

Spielplatz der Schönen – am Ocean Drive im Art Deco District von Miami Beach treffen sich Stars und Sternchen, Luxus und Glamour, edle Oldtimer und flotte Flitzer

Miami – Floridas glitzernde Metropole an der Südspitze des Kontinents

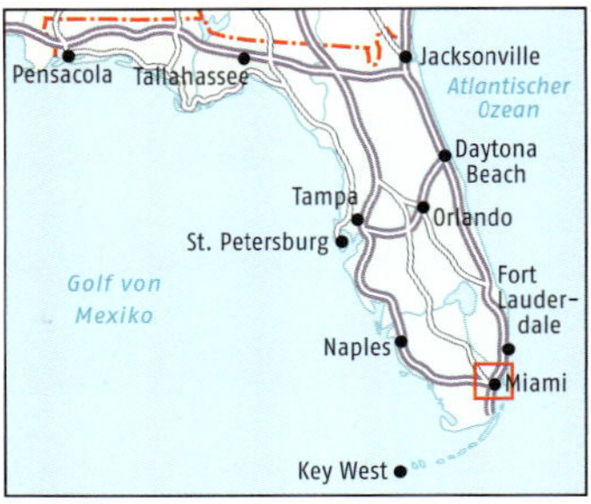

Miami, die glitzernde Weltstadt am Rande der **Everglades**, ist ein populäres Urlaubsziel unter der *subtropischen Sonne*, in dem selbst in den kühleren Monaten von Dezember bis Februar das Thermometer noch angenehme 24 °C erreicht und der Sommer mit schwülheißen 32 °C ins Land zieht. Mit ihren etwas über 100 Jahren ist die schnell gewachsene **Millionenmetropole** ein Ort von jugendlichem Ungestüm und pulsierenden Kontrasten. Sie ist Floridas **Finanzzentrum** und zugleich bevorzugter Zielort europäischer **Touristen**. Als Schmelztiegel einer stark von Immigranten aus **Lateinamerika** und der **Karibik** geprägten Einwohnerschaft macht die *ethnische Vielfalt* einen besonderen Reiz der Stadt aus.

1 Miami

Zwischen Kuba und den USA – Floridas junge, vibrierende Millionenmetropole.

Wo heute Wolkenkratzer in den Himmel ragen und Touristen ihre dollarschweren Traumurlaube ausleben, lag bis zum Ende des 19. Jh. nur die weite Wasserwildnis der Everglades.

Am Anfang war die Eisenbahn

Zu dieser Zeit hatten sich die indigenen Amerikaner längst in die inneren Everglades zurückgezogen. Anstelle der Soldaten, die während der Seminolenkriege in dem 1837 erbauten *Fort Dallas* zwei Jahrzehnte lang am Ufer des Miami River stationiert waren, wohnte nun *Julia Tuttle* in der Bastion. Nach dem verheerenden Winter 1894/95, der die Zitrusernten des nördlichen Florida vernichtet hatte, machte die agile Clevelander Industriellenwitwe den Eisenbahnmagnaten *Henry Morrison Flagler* (1830–1913) auf sich aufmerksam, indem sie ihm unversehrte Orangenblüten aus Miami zeigte.

Sofort erkannte der geschäftstüchtige Flagler das ungeheure wirtschaftliche Potenzial dieser klimatisch begünstigten Region und verlängerte 1896 seine **Florida East Coast Railway** von Palm Beach nach Miami. Schon im folgenden Jahr übernachteten dort begüterte Urlauber in Flaglers neu erbautem, luxuriösem **Royal Palm Hotel**. Eisenbahnarbeiter und Reisende ließen sich in der Stadt am Rande der Everglades nieder.

Glitzernde Weltstadt am Rande der Everglades – Miami bei Nacht

Zweifacher Aufstieg und Absturz

Miamis erste Boomzeit waren die 1920er-Jahre. Zahlreiche Millionäre ließen nach dem Ersten Weltkrieg prächtige Residenzen in den Vororten erbauen. In nur einem Jahrzehnt vervierfachte sich die Einwohnerzahl, und Interessenten aus dem amerikanischen Norden kauften oft blindlings, was sich später als unerschlossener, abgelegener Sumpf entpuppte. 1926 platzte die gigantische Luftblase der **Landspekulation** in Südflorida, zudem legte ein Hurrikan die Stadt völlig lahm.

Während der **Weltwirtschaftskrise** in den 1930er-Jahren zog es viele Juden nach Miami Beach [Nr. 2]. Sie eröffneten dort die kleinen Hotels und Apartmenthäuser des *Art Deco District*.

Am Beginn des 21. Jh. wiederholten sich die Ereignisse der 1920er-Jahre. Sowohl Wolkenkratzer als auch Immobilienpreise schossen in die Höhe, für einige Jahre waren luxuriöse Eigentumswohnungen in Miami die heißeste Ware auf Amerikas ohnehin überhitztem Grundstücksmarkt. Im Jahre 2008 erreichten Immobilien- und Finanzkrise zeitgleich ihren Höhepunkt, die Immobilienpreise verfielen. Ende 2009 waren im Südosten Floridas bereits über 45 % der Hausbesitzer (im US-Durchschnitt nur die Hälfte) mit Kreditfinanzierung *under water* – ihre Hypothekenschulden waren höher als der Wert ihres Grundstücks. Seit 2011/12 steigen die Immobilienpreise jedoch wieder.

Kultureller Schmelztiegel

Seit Fidel Castros Machtübernahme 1959 flohen unzählige Kubaner vor dem neuen Regime nach Südflorida. Die Einwanderer öffneten die Türen für Haitianer sowie andere Immigranten aus der Karibik und Lateinamerika. Schnell verzeichneten die agilen, oft sehr konservativen Kubaner wirtschaftliche und politische Erfolge, gewannen Macht und immensen Einfluss. Menschen kubanischer Herkunft stellen heute 29 % der 2,7 Mio. Einwohner im Großraum Miami, einem in die Breite schießenden Konglomerat aus geplanten Stadtteilen und ausufernden Vorortgemeinden. Insgesamt erreichen die *Hispanics*, Einwohner mit spanisch sprechenden Vorfahren, einen Bevölkerungsanteil von 66 %. Doch werfen die in der Sonne gleißenden Glasfassaden der Downtown-Wolkenkratzer ih-

re Schatten auch auf weniger begüterte Viertel. **Armut und Reichtum** prallen in Miami scharf aufeinander. Außerhalb von Brennpunkten wie dem Viertel *Liberty City* hat ständige Polizeipräsenz in den von Touristen besuchten Stadtvierteln die Kriminalität allerdings erfolgreich zurückgedrängt.

Downtown – Imperium des Wohlstands mit Blick aufs Meer

Vom Big Business unter der strahlenden Sonne Floridas spricht die im Wesentlichen nur zu den Geschäftsstunden belebte Innenstadt. Aus ihrer Mitte ragen die vollklimatisierten Wolkenkratzer internationaler Banken und Gesellschaften in die Höhe, in den Glasfassaden der Hochhäuser spiegelt sich das Blau des Himmels. Die Innenstadt wird im Dreiminutentakt von der automatischen **Hochbahn** ›Metromover‹ (tgl. 5–24 Uhr) umkreist, an deren Stelzfüßen auf dem *Inner Loop* sich kleine kubanische Geschäfte aneinanderreihen. Außerdem besitzt Miami den weltgrößten Kreuzfahrthafen. Die nächtlich illuminierte Downtown-Skyline mit den davor ankernden majestätischen Kreuzfahrtschiffen des **Port Miami** 1 (Tel. 305/347 48 00, www.miami dade.gov/portmiami) lässt sich am besten vom MacArthur Causeway aus betrachten.

Innerhalb Downtowns gruppieren sich die im spanischen Stil gehaltenen Gebäude des **Miami-Dade Cultural Center** 2 (101 West Flagler Street) um eine große Plaza. Sie beherbergen u.a. das ausgezeichnete Museum *HistoryMiami* (Tel. 305/375 14 92, www.historymiami.org, Mo–Sa 10–17, So 12–17 Uhr), dessen Dauerausstellung ›Tropical Dreams‹ die Besiedlungsgeschichte Südfloridas bestens beleuchtet.

Der quirlige **Bayside Marketplace** 3 (401 Biscayne Boulevard, Tel. 305/577 33 44, www.baysidemarketplace.com, Mo–Do 10–22, Fr/Sa 10–23, So 11–21 Uhr), ein modernes Open-Air-Einkaufszentrum neben dem Jachthafen am Rande Downtowns, bietet Geschäfte, Restaurants und Bars. Es ist der beste Anlaufpunkt für den Abend in Downtown.

Im *Museum Park* am MacArthur Causeway hat das nach Plänen der Schweizer Architekten Herzog & de Meuron großzügig neu errichtete **Pérez Art Museum Miami** 4 (1103 Biscayne Blvd., Tel. 305/375 30 00 www.pamm.org, Di/Mi, Fr–So 10–18, Do 10–21 Uhr) seine Pforten geöffnet. In dem interessanten Gebäudekomplex mit offener Fassade und hängenden Gärten

Plan hintere Umschlagklappe

Blick vom Jachthafen auf das Einkaufszentrum Bayside Marketplace

wird moderne und zeitgenössische Kunst präsentiert.

In unmittelbarer Nachbarschaft steht das im Mai 2017 eröffnete **Phillip and Patricia Frost Museum of Science** 5 (Tel. 305/434 96 00, www.frostscience.org). Ein großes Aquarium und ein Planetarium sind die Grundpfeiler des Naturwissenschaftsmuseums, das zudem zahlreiche, modern konzipierte interaktive Ausstellungen präsentiert.

Auf Watson Island zwischen Miami und South Beach erstreckt sich **Jungle Island** 6 (1111 Parrot Jungle Trail, Tel. 305/400 70 00, www.jungleisland.com, Mo–Fr 10–17, Sa/So 10–18 Uhr) auf einer Fläche von 7,5 ha. In der tropischen Dschungellandschaft sind rund 110 verschiedene Tierarten von Krokodilen über Orang Utans bis zu unterschiedlichen Papageienarten beheimatet. Zu den Attraktionen zählen die zweimal täglich stattfindenden Vogelschauen im *Parrot Bowl* und die dressierten Tiger des *Jungle Theater*.

So klein ist die Welt: Little Havana liegt nicht in Kuba

Little Havana erstreckt sich westlich der Downtown und grenzt im Westen an Coral Gables. Auf der in diesem Stadtteil **Calle Ocho** 7 (span. ›achte Straße‹) genannten Southwest 8th Street, die auch Highway 41 oder Tamiami Trail heißt, schlägt das kubanische Herz der Stadt. Spanisch ist die Sprache der Straße, der Restaurants und Supermärkte. In mehreren Geschäften gibt es handgerollte ›kubanische‹ Zigarren, man findet Cafés, in denen Café con Leche (kubanischer Milchkaffee) oder Café Cubano (süßer, starker Espresso) getrunken wird, und schattige Parks, in denen kubanische Männer Domino spielen. Höhepunkt des zehntägigen **Carnaval Miami** (www.carnavalmiami.com) ist zum Abschluss Mitte März *El Festival de la Calle Ocho*. Dann feiert die Calle Ocho mit Musik, Tanz und Essen das größte hispanische Festival der USA.

Coral Gables – venezianischer Pool und Wundermeile

Miamis attraktivste Stadtviertel liegen südwestlich von Downtown. Der 1924 errichtete bogenförmige *Douglas Entrance* (Tamiami Trail/37th Avenue) und drei

Beim Carnaval Miami tobt auf der Calle Ocho in Little Havana das Leben

Türkisblaue Badefreuden mit italienischem Flair – Venetian Pool in Coral Gables

weitere monumentale Eingangstore geben den Weg frei zu Coral Gables' ansehnlichem Mix spanisch-mediterraner und moderner Architektur. Durch den in den 1920er-Jahren von *George Merrick* mit Sorgfalt geplanten, noblen Stadtteil führt ein Stück weiter südlich die edle Einkaufsstraße **Miracle Mile** 8 (Coral Way, Tel. 305/569 03 11, www.shopcoralgables.com). Hier reihen sich über mehrere Straßenblocks insbesondere über 100 Brautmodenläden und Schönheitssalons, aber auch exklusive Juweliere aneinander. Im Westen beschließt die säulenbesetzte **City Hall** 9 (405 Biltmore Way) die Einkaufsmeile. Ein Stück südwestlich des Rathauses speisen unterirdische Quellen den schönen **Venetian Pool** 10 (2701 De Soto Boulevard, Tel. 305/460 53 06, www.coralgablesvenetianpool.com, Mitte Mai–Mitte Aug. Mo–Fr 11–18.30, Sa/So 10–16.30, sonst Di–Fr 11–17.30, Sa/So 10–16.30 Uhr), einen öffentlichen Swimmingpool, der in den 1920er-Jahren in einem ehemaligen Steinbruch eingerichtet wurde. Seine tropisch-üppig mit Farnen und Orchideen bewachsene, venezianisch inspirierte Umgebung bezaubert durch Wasserfälle, steinerne Brücken und Grotten. Weiterhin begeistern in Coral Gables gepflegte Plätze und pompöse Gebäude wie das 1899 erbaute und von Merrick bewohnte **Coral Gables Merrick House** 11 (907 Coral Way, Tel. 305/460 50 93, 45-minütige Führungen, Mi und So um 13, 14 und 15 Uhr) und das pastellgelbe, prunkvolle **The Biltmore** 12 (1200 Anastasia Avenue, s. S. 25) mit stilvollen Suiten. Im traumhaften, seinerzeit größten Hotelpool der USA im edlen Tropendesign markierte Johnny Weissmuller einst Schwimmweltrekorde.

Coconut Grove – Flair der Kunst

Kurz ›The Grove‹ genannt, hat sich das Viertel Coconut Grove, Hippiehochburg der späten 1960er-Jahre, eine künstlerisch inspirierte, romantische Atmosphäre bewahrt, verstärkt durch eine Kulisse ausladender, hochwurzeliger *Banyan-* und rotblühender *Flamboyantbäume*. Die ersten Häuser wurden im späten 19. Jh. aus dem Holz gestrandeter Schiffe erbaut. Zu sehen ist ein solches Gebäude von 1891 im **Barnacle Historic State Park**

(3485 Main Highway, Tel. 305/442 68 66, www.floridastateparks.org/thebarnacle, Mi–Mo 9–17 Uhr). Mitte Februar ist der Stadtteil Veranstaltungsort des dreitägigen **Coconut Grove Arts Festival** (www.cgaf.com), wo knapp 400 Künstler aus aller Welt ihre Werke entlang des S. Bayshore Drive ausstellen.

Nicht fehlen darf ein Einkaufsbummel durch den **CocoWalk** ⓭ (3015 Grand Avenue, Tel. 305/444 07 77, www.cocowalk.net, So–Do 10–21, Fr/Sa 10–23 Uhr, Bars bis 3 Uhr), einen tropisch gestylten, schicken Einkaufs- und Entertainmentkomplex im Herzen von Coconut Grove mit rund 25 Geschäften, Boutiquen, Straßencafés, Restaurants sowie Cinépolis-Kinokomplex (www.cinepolisusa.com).

Nördlich davon lohnt sich ein Besuch in dem 34-Zimmer-Schlösschen **Vizcaya Museum & Gardens** ⓮ (3251 South Miami Avenue, Tel. 305/250 91 33, www.vizcaya.org, Mi–Mo 9.30–16.30 Uhr) in einem Anwesen am Meer, das sich *James Deering* 1916 als extravaganten Wintersitz im Stil der italienischen Renaissance erbauen ließ. Der Fabrikant stattete seine *Villa* in einer opulenten Stilmischung aus Barock, Renaissance und Rokoko aus, entsprechend der damaligen Vorliebe reicher Amerikaner für europäische Kultur. Wer an den Statuen und Springbrunnen in den italienischen und französischen *Gärten* vorbeispaziert, gelangt im Uferbereich der Biscayne Bay zu einem dort ankernden steinernen *Schiff*, in dem der Hausherr während der Prohibition angeblich seine Alkoholvorräte versteckt hielt.

Key Biscayne – Nobelinsel im blauen Wasser der Biscayne Bay

Die vorgelagerte Insel Key Biscayne ist mit Downtown Miami durch den besonders an Wochenenden viel befahrenen Rickenbacker Causeway verbunden. Er führt vom Festland aus zunächst auf die Insel *Virginia Key*. Dort treten in dem traditionsreichen Meereszoo **Miami Seaquarium** ⓯ (4400 Rickenbacker Causeway, Tel. 305/361 57 05, www.miamiseaquarium.com, tgl. 10–18 Uhr) Orcas, Delfine und Seelöwen in Shows auf. Fütterungen von Krokodilen, Manatis und Haien sind Zuschauermagnete.

Wie Coral Gables und Coconut Grove ist auch Key Biscayne eine exklusive Gegend und bevorzugter Wohnort der Reichen und Berühmten. Die Insel besitzt einige der schönsten *Strände* an der südlichen Atlantikküste. Im Norden zählen die gut 3 km langen weißen Sandstrände von **Crandon Park** ⓰ (6747 Crandon Boulevard, Tel. 305/361 54 21, www.miamidade.gov/parks/crandon.asp, tgl. von Sonnenauf- bis Sonnenuntergang) zu

Das Viertel Coconut Grove mit seiner romantischen Atmosphäre lädt zum Bummeln ein

den populärsten Badezielen der Region. Sie werden vor allem an Wochenenden von Familien aus dem Stadtgebiet frequentiert. Der **Bill Baggs Cape Florida State Park** 17 (1200 South Crandon Boulevard, Tel. 305/361 58 11, www.floridastateparks.org/capeflorida, tgl. von 8 Uhr bis Sonnenuntergang) an der Südspitze der Insel mit seinem prachtvollen Sandstrand wird von Mangroven gesäumt. Als markanter Blickfang ragt hier das 29 m hohe, weiße *Cape Florida Lighthouse* auf (geführte Touren Do–Mo 10 und 13 Uhr). Es ist das älteste erhaltene Gebäude Südfloridas und wurde im Jahr 1825 errichtet. Von den beiden Parkrestaurants (www.lighthouse-restaurants.com) liegt das *Lighthouse Cafe* ganz in der Nähe des Leuchtturms.

Zurück auf dem Festland

Für eine Fahrt durch exklusive Wohnviertel südlich von Downtown bietet sich die von ausladenden Bäumen beschattete Old Cutler Road an. An der Allee

TOP TIPP

liegt der **Matheson Hammock Park and Beach** 18 (9610 Old Cutler Road, Tel. 305/665 54 75, www.miamidade.gov/parks/matheson-hammock.asp, tgl. von Sonnenauf- bis Sonnenuntergang), dessen mangrovengesäumte Ufer einen palmenbesetzten Badestrand und eine sehr idyllische Lagune mit flachem, warmem Wasser an der Biscayne Bay freigeben. Jenseits der Bucht erhebt sich die beeindruckende Skyline von Miami. Südlich an den Park schließt sich der

Weißer Sand und Palmen – Strandparadies Crandon Beach Park auf Key Biscayne

Fairchild Tropical Botanic Garden 19 (10901 Old Cutler Road, Tel. 305/667 16 51, www.fairchildgarden.org, tgl. 7.30–16.30 Uhr, Gewächshäuser tgl. 9.30–16.30 Uhr) an, ein großer botanischer Garten mit Regenwald, vielen tropischen Pflanzen und künstlichen Seen. Außerdem kann man an einer kommentierten Tramrundfahrt (Mo–Fr stündlich 10–15 Uhr, Sa/So stündlich 10–16 Uhr) teilnehmen.

Einen international hervorragenden Ruf besitzt der **Zoo Miami** 20 (1 Zoo Boulevard, 12400 Southwest 152nd Street, Florida's Turnpike, Ausfahrt 16, Tel. 305/251 04 00, www.zoomiami.org, tgl. 9.30–17.30 Uhr). Auf dem 3 km² großen Areal leben Tiere aus Afrika, Asien und Australien in naturgetreuen Freigehegen, einem Vogel- und einem Tropenhaus. Das riesige Areal *Amazon and Beyond* widmet sich Flora und Fauna der amerikanischen Tropen. Eine Einschienen-Hochbahn durch den Zoo verkürzt die Gehwege.

Bereits 1933 wurde am südwestlichen Stadtrand der Affenpark **Monkey Jungle** 21 (14805 Southwest 216th Street, Tel. 305/235 16 11, www.monkeyjungle.com, tgl. 9.30–17 Uhr, Ticketschalter bis 16 Uhr) etabliert. Guenons, Gibbons, Menschenaffen und andere Primaten, insgesamt 30 Arten, leben in Großkäfigen und Freigehegen, die Besucher bewegen sich durch vergitterte Gänge.

i Praktische Hinweise

Information

Greater Miami Convention & Visitors Bureau, 701 Brickell Avenue, Suite 2700, Miami, Tel. 800/933 84 48, www.miamiandbeaches.com

Öffentlicher Nahverkehr

Metromover/Metrorail/Metrobus, Tel. 305/891 31 31. Für Besucher empfehlenswert ist das *EASY Ticket* (www.miamidade.gov).

Bootstouren

Island Queen Cruises, Bayside Marketplace, 401 Biscayne Boulevard, Miami, Tel 800/910 51 19, www.islandqueencruises.com, *Millionaire's Row Cruise*, tgl. 10.30–18 Uhr. 90-minütige Sightseeingfahrten durch den Port of Miami, zu den Villen von Fisher Island und Star Island, Abfahrt stündlich.

Einkaufen

Florida Keys Outlet Center, 250 East Palm Drive, Florida City, Tel. 305/248 47 27, www.premiumoutlets.com. Direktverkauf in über 50 Geschäften, u. a. *Nike, Levi's, GAP* und *Tommy Hilfiger*.

Hotels

****The Biltmore**, 1200 Anastasia Avenue, Miami, Tel. 855/311 69 03, www.biltmorehotel.com. Coral Gables' elegantes Grand Hotel aus den 1920er-Jahren ist eine der besten Adressen in der Stadt mit dem schönsten Hotelpool der USA.

***Courtyard Miami Coconut Grove**, 2649 South Bayshore Drive, Miami, Tel. 888/249 38 19, www.courtyardmiamicoconutgrove.com. 20-stöckiges, schickes Hotel der Marriott-Gruppe nahe Coco Walk im reizvollen Coconut Grove.

***Miami Marriott Biscayne Bay**, 1633 North Bayshore Drive, Miami, Tel. 800/295 14 21, www.marriott.com/miabb. Elegantes, modernes Hotel mit 31 Stockwerken am Venetian Causeway.

***Redland Hotel**, 5 South Flagler Avenue, Homestead, Tel. 800/595 19 04, www.hotelredland.com. 1914 erbautes Hotel mit historisch eingerichteter Lounge und 13 Gästezimmern.

Restaurants und Bars

Los Ranchos of Bayside, 401 Biscayne Boulevard, Miami, Tel. 305/375 81 88,

Erholung garantiert – das elegante Biltmore Hotel in Coral Gables

Unmittelbar hinter dem Strand von Miami Beach ragen Luxusapartmenthäuser empor

www.beststeakinmiami.com. Das nicaraguanische Restaurant im Bayside Marketplace serviert gute Steaks.

Lulu, 3105 Commodore Plaza, Miami, Tel. 305/447 58 58, www.luluinthegrove.com. Stylisches Restaurant mit guten Burgern und Salaten, leckerem Frühstück und freundlichem Service in der Nähe des CocoWalk.

Sandbar Sports Grill, 3064 Grand Avenue, Miami, Tel. 305/444 52 70, www.sandbargrove.com. Lebhafte Bar in Coconut Grove, auch Lunch- und Dinner-Restaurant.

The Capital Grille, 444 Brickell Avenue, Miami, Tel. 305/374 45 00, www.thecapitalgrille.com. Saftige Steaks und andere köstliche Fleischspezialitäten, umfangreiche Weinkarte, mit Bar in gediegener Atmosphäre in Downtown.

TOP TIPP **Versailles**, 3555 Southwest 8th Street, Miami, Tel. 305/444 02 40, www.versaillesrestaurant.com. Das beliebte Restaurant am westlichen Ende von Little Havana serviert herrliche karibische Gerichte.

2 Miami Beach

Wo sich Stars und Sternchen treffen: der Welt bekannteste Hotelzeile im Art Deco District.

Miami Beach erfüllt mit Stolz seine Rolle als Spielplatz der Schönen, als subtropischer Zielort der Wintermüden aus dem kalten Norden, die am **Ocean Drive** im berühmten *Art Deco District* mit sonnenbrillenbedeckten Augen frisch gebräunt entlangflanieren. ›Sehen und Gesehen werden‹ heißt das Motto in dieser selbstverliebten Stadt. In den *Straßencafés* im Schatten der Palmen lassen sich das bunte Treiben und der geschäftige Verkehr denn auch gut verfolgen.

Vollends glamourös wird es, wo die pastellfarbene Häuserzeile den weißen, feinsandigen *Palmenstrand* fotogen begleitet: Dort dekorieren glänzende *Oldtimer* die Hotelportale und schreiten schlanke *Models* aus aller Welt zu Modeaufnahmen bekannter Designerfirmen.

Seit einigen Jahren ist Miami Beach zudem Anziehungspunkt für Kunstliebhaber und -sammler, wenn alljährlich Anfang Dezember die viertägige *Art Basel Miami Beach* (www.artbasel.com/miami-beach,

s. S. 131) stattfindet, die wichtigste und glamouröseste Kunstmesse der USA.

Mit dem Festland verbinden Miami Beach insgesamt vier *Brücken*, deren erste 1913 den Startschuss zur Umwandlung der unwirtlichen Mangrovenküste in ein Touristenparadies gab. Vor allem entlang der Küste reihen sich auf einer Länge von 15 km zwischen South Beach und Bal Harbour zahlreiche luxuriöse Hotelhochhäuser aneinander. Mit einer Vielzahl von Restaurants und Nachtclubs und den schönen Stränden ist Miami Beach Sehnsuchtsort sonnenhungriger Touristen aus aller Welt.

Top Tipp

Die meisten Gebäude im **Art Deco District** 22 von South Miami Beach entstanden in den 1920er- und 1930er-Jahren. Ocean Drive, Washington und Collins Avenue erstrahlen dort in unübertroffener, bonbonfarbener Freundlichkeit, hier vermischt sich architektonisch das harmoniesuchende Art déco der 1930er-Jahre mit spanisch-mediterranen Stilelementen.

Besonders in diesem Viertel spielt sich auch ein ausgeprägtes Nacht- und Strandleben ab. Im Norden lädt die autofreie *Lincoln Road Mall* (www.lincolnroadmall.info) mit Geschäften, Galerien und Restaurants auch tagsüber zum Flanieren ein, ansonsten sind im gesamten Viertel die *Bars* unter freiem Himmel bis in die frühen Morgenstunden bevölkert. Nach Mitternacht finden die Partys ihre Fortsetzung in den Diskotheken der Washington Avenue, auf der South-Beach-Local-Pendelbusse bis frühmorgens verkehren. Mitte Januar wird auch tagsüber am Ocean Drive beim **Art Deco Weekend** (www.artdecoweekend.com) mit einem Umzug, Oldtimern, Konzerten, Stadtteilführungen, Essständen und Kunsthandwerkern drei Tage lang gefeiert.

Pastellfarben und Neonlicht – der Ocean Drive besticht mit seinen Art-déco-Gebäuden

In Miami Beach wird jeder glücklich: ob tagsüber beim Entspannen am Strand …

Parallel zur berühmten Hotelzeile am Ocean Drive erstreckt sich zwischen 5th und 15th Street der **Lummus Park** 23 mit einem wunderbar weißen Palmenstrand und sanfter Brandung. An der südlichen Spitze von Miami South Beach lockt im **South Pointe Park** 24 ein Badestrand mit Ausblick auf die in den Hafen einlaufenden Kreuzfahrtschiffe. In den Abendstunden erhellen ihn originell gestaltete Leuchttürme.

Ein 13 m hoher Bronzearm, an dem lebensgroße Bronzefiguren auf verzweifelter Suche nach Hilfe emporklettern, erinnert als **Holocaust Memorial** 25 (1933–1945 Meridian Avenue, Tel. 305/538 16 63, www.holocaustmmb.org, tgl. 9.30–22 Uhr) an die in den Konzentrationslagern des Naziregimes ermordeten Juden. Um den Arm herum verlaufen Tunnel mit Ausstellungen, an den Wänden wurden die Namen von Holocaust-Opfern eingraviert.

Im Norden von Miami Beach liegt **Bal Harbour** 26. Die Strände sind hier ebenso weit und weiß wie im Süden, die Hotels ähnlich exklusiv. Gleiches gilt für die eleganten *Bal Harbour Shops* (9700 Collins Avenue, Tel. 305/866 03 11, www.balharbourshops.com, Mo–Sa 10–21, So 12–18 Uhr). In diesem Einkaufszentrum mit 100 Geschäften reihen sich Nobelmarken wie Chanel, Gucci und Valentino aneinander.

i Praktische Hinweise

Information

Miami Beach Visitors Center, Miami Beach Convention Center, 1901 Convention Center Drive, Hall C, Tel. 305/673 74 00, www.miamibeachguest.com

MDPL & Art Deco Welcome Center, 1001 Ocean Drive, Miami Beach, Tel. 305/672 20 14, www.mdpl.org

Kino

Regal South Beach Stadium 18, 1120 Lincoln Road, Tel. 844/462 73 42, www.regmovies.com. 18 Kinos und IMAX.

Hotels

*****__The Setai__, 2001 Collins Avenue, Miami Beach, Tel. 305/520 60 00, www.thesetaihotel.com. Edles Boutique-Hotel von 1936 mit schicken Restaurants.

****__Hotel Astor__, 956 Washington Avenue, Tel. 305/531 80 81, www.hotelastor.com. Modernes Interieur in einem traditionsreichen Art-déco-Haus.

****__The Betsy South Beach__, 1440 Ocean Drive, Miami Beach, Tel 866/792 38 79, www.thebetsyhotel.com. Das 1940 erbaute Hotel ist eines der edelsten in South Beach. Von der Bar auf dem Dach bietet sich ein toller Blick, Gourmets schwärmen vom Lobby-Restaurant.

***Avalon Hotel, 700 Ocean Drive, Miami Beach, Tel. 800/933 33 06, www.avalonhotel.com. Art-déco-Strandhotel aus den 1940er-Jahren mit gutem Restaurant.

TOP TIPP ***Park Central Hotel, 640 Ocean Drive, Miami Beach, Tel. 305/538 16 11, www.theparkcentral.com. Bezauberndes Hotel von 1937, das im Stil des Art déco schwelgt. Mit zwei Restaurants und Bars, vor dem Eingang parkt ein fotogener Buick von 1947.

Restaurants

A Fish Called Avalon, 700 Ocean Drive, Miami Beach, Tel. 305/532 17 27, www.afishcalledavalon.com. Preisgekröntes Fischrestaurant auf der Terrasse des Avalon Hotel.

Clevelander, 1020 Ocean Drive, Miami Beach, Tel. 877/532 40 06, www.clevelander.com. Gut besuchte Sports Bar am Swimmingpool des ›Clevelander Hotel‹, mit Restaurant.

Joe's Stone Crab Restaurant, 11 Washington Avenue, Miami Beach, Tel. 305/673 03 65, www.joesstonecrab.com. Eine Institution am South Pointe: Seit 1913 werden hier von Oktober bis Mai die Großen Steinkrabben serviert. Außerdem gibt es fantastischen Key Lime Pie.

Ola Restaurant, im Sanctuary Hotel, 1745 James Avenue, Tel. 305/695 91 25, www.olamiami.com. Moderne lateinamerikanische Küche, in der Nähe der Lincoln Mall.

Tropical Deco

In Paris präsentierte die Ausstellung ›Exposition des Arts Décoratifs‹ 1925 den innovativen Baustil erstmals und dort erhielt er auch seinen Namen ›Art déco‹. Angelehnt an die Welt der Technologie, war er bestimmt von schlichten, aerodynamisch gestylten **geometrischen Fassadenelementen**. Mit dem Bauboom in Südflorida gelangte das Art déco nach Miami Beach, wo es eigene Elemente wie die Schatten spendenden ›Augenbrauen‹ über den Fenstern, abgerundete Ecken und horizontale Linien hinzugewann. Bunt leuchtende **Farben** sowie Palmen, Flamingos und andere **Florida-Motive** gaben dem Stil den Beinamen ›Tropical Deco‹. An die Verbundenheit mit dem Meer erinnern **maritime Motive** wie die Bullaugen gleichenden runden Fenster, die Verwendung von Glasbausteinen und kühl wirkende Neonbeleuchtungen. Die *Miami Design Preservation League* kümmert sich um den Erhalt der historischen Bausubstanz sowie um die Bewahrung des architektonischen Gesamtbildes bei Um- und Neubauten.

Smith & Wollensky, 1 Washington Avenue, Miami Beach, Tel. 305/673 28 00, www.smithandwollensky.com. Hervorragend zubereitete Steaks, serviert in bester Lage am South Pointe Park.

... oder nachts beim Feiern in den angesagten Klubs und Bars

Florida Keys – wo der Traum vom glücklichen Inselleben in Erfüllung geht

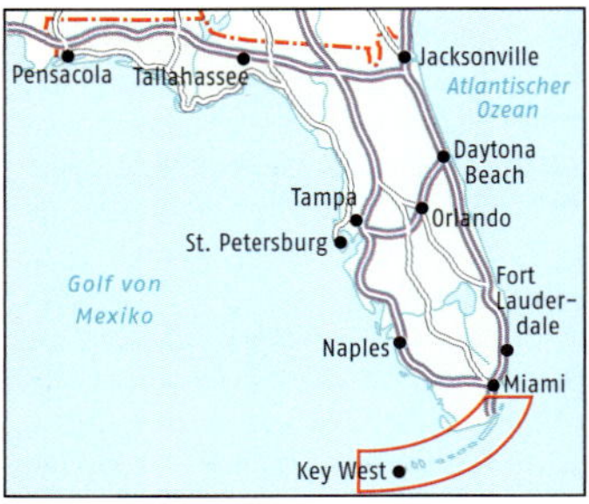

Gleich Perlen einer Kette ziehen sich südlich von Miami die Inseln der Florida Keys in einem Bogen nach Südwesten. 43 Brücken und unzählige türkisblaue Buchten überquert der *Overseas Highway* von **Key Largo** über **Islamorada** und **Marathon** bis in das touristische Tropentraumstädtchen **Key West**. Farbe und Leuchtkraft des blaugrünen Ozeans, gesprenkelt mit kleinen Mangroveninseln am Horizont, verschlagen dem Betrachter oft den Atem. Und als Clou dieser *subtropischen Schönheit* breitet sich unter Wasser die lichtdurchflutete Wunderwelt des einzigen lebenden **Korallenriffs** der kontinentalen USA aus.

3 Biscayne National Park

Ursprüngliche Unterwasserwelt – ein Paradies für Mensch und Tier.

Gut 60 km südlich von Miami beginnt der Biscayne National Park. Er umfasst die **Biscayne Bay** mit dem **Korallenriff** vor der Küste, das die Florida Keys vor der ungebrochenen Kraft der Atlantikwellen schützt. Mit großer Widerstandskraft gedeihen dort massive *Gehirnkorallen* und andere härtere Arten. Weiter nördlich gelangt der Lebensraum der Korallen an seine Grenze, da die Wassertemperatur nach Norden hin im Winter auf unter 20 °C sinkt.

Große Kolonien von Weißkopfseeadlern, Reihern, Pelikanen sowie andere **Vögel** nisten an den Ufern und Inseln der höchstens 3 m tiefen, fisch- und nährstoffreichen *Biscayne Bay*. In dieser Bucht mischt sich das Frischwasser aus den Flüssen des Festlandes mit dem Salzwasser des Atlantiks.

Einziger Anlaufpunkt auf dem Festland ist das **Dante Fascell Visitor Center** (Convoy Point, 15 km östlich von Homestead, tgl. 9–17 Uhr,) an der schmalen, von Mangroven bewachsenen Küstenlinie des Nationalparks. Mit Schnorcheln oder einer Tauchausrüstung können die Riffe bewundert werden, in denen sich bunte Tropenfische, Meeresschildkröten, Rochen und Barrakudas tummeln.

Quer durch **Elliott Key**, der größten Insel in der Biscayne Bay, führt ein 11 km langer *Wanderweg*. Am schönsten präsentiert sich das lang gestreckte Eiland im Winter. Dann ist die Luftfeuchtigkeit geringer und die Mückenschwärme sind kleiner.

Nördlich von Elliot Key liegt die **Boca Chita Key**. Von ihrem Leuchtturm aus reicht der Blick bis zur imposanten Skyline von Miami.

i Praktische Hinweise

Information

Dante Fascell Visitor Center, Biscayne National Park, 9700 Southwest 328th Street, Homestead, Tel. 305/230 11 44, www.nps.gov/bisc

4 Key Largo

Tropische Taucherträume: In den Keys liegen die schönsten Parks unter Wasser.

Wo bis in das frühe 19. Jh. Piraten ihr Unwesen trieben, breitet sich heutzutage auf Key Largo eine Touristenhochburg für Schnorchel-, Tauch- und Angelexkursionen aus. Berühmt geworden ist die Insel durch den Film ›Key Largo‹ (1948) von John Huston, in dem *Humphrey Bogart* und *Lauren Bacall* gegen Gangster und die Naturmacht eines Hurrikans kämpfen.

An einen weiteren Streifen mit Bogart erinnert die **African Queen** (90-minütige Fahrten, ab 10 Uhr alle 2 Std., www.african

queenflkeys.com), die vor dem Hotel *Holiday Inn* [s.S.32] verankert ist. Weibliche Protagonistin in dem Streifen von 1951 war *Katharine Hepburn*.

Südlich an den Biscayne National Park schließt sich der **John Pennekamp Coral Reef State Park** (102601 Overseas Highway, MM 102.6, Tel. 305/4511202, www.floridastateparks.org/pennekamp, tgl. 8 Uhr bis Sonnenuntergang) an. Er ist der populärste Unterwasserpark der USA und schützt Teile des riesigen Korallenriffs, in dem große Schwärme von Tropenfischen, Meeresschildkröten und Barrakudas leben. *Schnorcheln* und *Tauchen* sind die Hauptaktivitäten im glasklaren Wasser der wunderbaren Riffe und der an den *Schiffswracks* entstandenen, mindestens genauso artenreichen ›Artificial reefs‹.

Die Unterwasserstatue *Christ of the Deep* (auch *Christ of the Abyss*) am **Dry Rocks Reef** dient oft als Schauplatz von Taucherhochzeiten. Zu den beliebtesten Unternehmungen auf dem Wasser zählen Kanu- und Kajaktouren in die *Mangrovenwildnis* (Verleih im Park) und 2,5-stündige Fahrten mit dem Glasbodenboot *Spirit of Pennekamp* (www.pennekamppark.com) zu den *Korallenriffen*. Auf dem schmalen Festlandsstreifen des Parks locken zwei schöne Badestrände, ein *Wanderpfad* durch eine Bauminsel mit subtropischer Vegetation und ein *Sumpfsteg* durch ein Mangrovendickicht.

Bunte Unterwasserwelt – die Schiffswracks vor Key Largo sind ein Paradies für Taucher

Auf Islamorada, der ›Welthauptstadt des Angelns‹, genießt man abends seinen fangfrischen Fisch

i Praktische Hinweise

Informationen

Key Largo Chamber of Commerce Florida Keys Visitor Center, 106000 Overseas Highway, MM 106, Key Largo, Tel. 800/822 10 88, www.keylargochamber.org

Bootstouren

Spirit of Pennekamp, John Pennekamp Coral Reef State Park, Key Largo, Tel. 305/451 63 00, www.pennekamppark.com. Dreimal täglich Fahrten zu den Korallenriffen mit dem Glasbodenboot, auch Tauch- und Schnorchelausflüge, Kanu- und Kajakverleih.

Hotels

*****Holiday Inn Key Largo Resort & Marina**, 99701 Overseas Highway, MM 99.7, Key Largo, Tel. 305/451 21 21, www.holidayinnkeylargo.com. Weitläufiger Komplex mit eigener Marina.

*****Marina del Mar**, 527 Caribbean Drive, MM 100, Key Largo, Tel. 305/451 41 07, www.marinadelmarkeylargo.com. Am Jachthafen gelegenes Resort mit Marina und Tiki Bar.

Restaurants

Bayside Grille, 99530 Overseas Highway, Key Largo, Tel. 305/451 33 80, www.keylargo-baysidegrill.com. Bei guten Fischgerichten genießt man den Sonnenuntergang.

Harriette's Restaurant, 95710 Overseas Highway, MM 95.7, Tel. 305/852 86 89. Gemütliches kleines Lokal mit hervorragendem Frühstück und Lunch. Täglich frische, hausgemachte Muffins, freundlicher Service und viel einheimische Stammgäste.

5 Islamorada

Die violette Insel: populäres Ziel von Trophäenanglern und Tauchern.

Ihren Namen verdankt die Insel einem frühen spanischen Entdecker. Er nannte sie wegen der vielen violetten Seeschnecken ›isla morada‹ (= violette Insel). Bei *Sportfischern* sind die mittleren Keys rund um den Ferienort Islamorada besonders beliebt. Wegen des großen Fischreichtums vor der Küste kriegen auch Anfänger begehrte Trophäen an den Angelhaken. Regelmäßige Ausfahrten starten z.B. ab dem **Postcard Inn at Holiday Isle** (84001 Overseas Highway, Tel. 800/667 25 10, www.holidayisle.com) oder der großen **Bud N' Mary's Marina** (79851 Overseas Highway, MM 79.8, Tel. 800/742 79 45, www.budnmarys.com). Die Ausrüstung wird gestellt. Wenn bei der Rückkehr der Boote die stolzen Petrijünger dann ihre Beute zeigen, ist dies ein fotogener Anblick. Lokale Restaurants servieren Menüs mit vom Bootspersonal filetierten Fisch.

In einem aus der Zeit des Eisenbahnbaus stammenden Steinbruch befindet sich das **Theater of the Sea** (84721 Overseas Hwy, MM 84.7, Tel. 305/6642431, www.theaterofthesea.com, tgl. 9.30–17 Uhr). Der Steinbruch wurde in eine natürlich wirkende Lagune mit Bühne für *Delfin-* und *Seelöwenshows* umfunktioniert. Aquarienbecken unter freiem Himmel zeigen Barrakudas, Rochen und Haie, außerdem bietet ein Strand die Möglichkeit zum Schwimmen und Schnorcheln.

Vom Overseas Highway bei MM 78.5 in nur 1 km per Kajak (Verleih über The Kayak Shack, Tel. 305/6644878, www.kayaktheflo ridakeys.com, auch zum Lignumvitae Key Botanical State Park) erreichbar ist die winzige unbewohnte Insel **Indian Key** (Tel. 305/6642540, www.floridastateparks.org/indiankey, tgl. 8 Uhr bis Sonnenuntergang). Dort zerstörten indigene Bewohner im zweiten Seminolenkrieg 1840 die Siedlung des Geschäftsmannes *Jacob Housman*, der die Insel 1831 gekauft und als offizieller ›Wrecker‹ von der Ausbeutung gestrandeter Schiffe gelebt hatte.

2 km südlich liegt in nur 6 m Tiefe das Wrack der 1733 gesunkenen spanischen Galeone ›*San Pedro*‹. Längst seiner Schätze beraubt, hat sich an dem verfallenen Rumpf des Schiffes ein Riff mit reichen Fischbeständen entwickelt, das sich wie die umliegenden Korallenbänke ideal zum Tauchen und Schnorcheln eignet.

Ozeanische Wundergärten

Das Florida Reef ist das drittgrößte **Korallenriff** der Welt. Es beginnt südlich von Miami im Biscayne National Park, reicht ohne Unterbrechung in einem langen Bogen unmittelbar südlich der Keys bis nach Key West und macht einen Sprung zu den Dry Tortugas. Auf rund 350 km steht das Riff als **Florida Keys National Marine Sanctuary** (Florida Keys Eco-Discovery Center, 35 East Quay Road, Key West, Tel. 305/8094750, www.floridakeys.noaa.gov, Öffnungszeiten des Center: Di–Sa 9–16 Uhr) unter **Naturschutz**. Ein bizarres Kaleidoskop an Farben und Formen prägt die flachen und sonnendurchfluteten Küstenzonen. Billionen von kleinsten kalkabscheidenden Korallenpolypen haben das Riff Schicht für Schicht zu knorrigen Hirschgeweih-, feinen Fächer- und kompakten Gehirnkorallen aufgebaut. Jede einzelne Nische dieser Unterwasserwelt dient als Refugium tropischer Warmwasserbewohner – ein Wunderland für Taucher. Sorgloses Ankern über dem Riff, Umweltverschmutzung und steigende Taucherzahlen bilden große Gefahren für die delikaten Kolonien. Die lebende Masse der teils rasiermesserscharfen Korallen ist nur eine sehr dünne, leicht zerstörbare Schleimhülle, die, einmal verletzt, zum Absterben der Exemplare führt. Neue Korallen wachsen nur äußerst langsam nach, fußballgroße Gehirnkorallen blicken bereits auf ein Alter von 50 Jahren zurück.

i Praktische Hinweise

Information

Islamorada Chamber of Commerce, Overseas Highway 87100, MM 87.1, Islamorada, Tel. 800/3225397, www.islamoradachamber.com

Bootstouren

Robbie's, 77522 Overseas Highway, MM 77.2, Islamorada, Tel. 877/6648498, www.robbies.com. Bootsverleih und Schnorchelexkursionen.

Hotel

TOP TIPP ***__Islander Resort__**, Overseas Highway 82100, MM 82.1 Oceanside, Islamorada, Tel. 800/7536002, www.guyharveyoutpostislamorada.com. Großzügige Anlage am lang gestreckten Sandstrand, die meisten Zimmer verfügen über eine Küchenzeile und eine große Terrasse.

Restaurant

Hungry Tarpon Restaurant, bei Robbie's, Tel. 305/6640535, www.hungrytarpon.com. Einfaches Fischrestaurant mit karibischem Touch, auch Selbstgeangeltes wird zubereitet. Besonders empfehlenswert zum Lunch sind die *Fish Baskets*.

6 Marathon

Im Herzen der Keys: Wo man mit Delfinen schwimmen kann.

Wassersport wird auf den mittleren Keys großgeschrieben: Jetskifahren, Schnorcheln, Tauchen, Segeln – und zahllose Charterbootflotten starten zu Sightseeing- und Angelexkursionen auf das offene Meer. Abends klingt der Tag bei Cocktails unter freiem Himmel und bei warmer Nachtbrise in den Tiki Bars aus.

Vor Marathon lohnt ein Abstecher in das **Dolphin Research Center** (58901 Overseas Highway, Tel. 305/289 00 02, www.dolphins.org, tgl. 9–16.30 Uhr) auf der Insel **Grassy Key**. Wo zeitweise der berühmte Serienstar ›Flipper‹ zu Hause war, kann man mit den Tieren schwimmen. Auch die Fütterung und das Training der Delfine kann man beobachten.

Der Ort **Marathon** auf Vaca Key entstand im frühen 20. Jh. aus einem Baucamp der Eisenbahnlinie nach Key West, der Name rührt von der Bemerkung her, dass diese Arbeit ›ein richtiger Marathon‹ sei. Nach der Fertigstellung der Strecke versank der Ort wieder in Bedeutungslosigkeit. Heute ist Marathon aber das touristische Herzstück der mittleren Keys.

Am MM 47 beginnt die **Seven Mile Bridge**, die mit 11 km längste Brücke der Keys. Alljährlich Mitte April findet hier der *Seven Mile Bridge Run* mit 1500 Teilnehmern statt. Parallel dazu verläuft ›bayside‹ der heute als *Fishing Pier* genutzte Original-Brückenabschnitt. Von dieser alten ›Siebenmeilenbrücke‹ (1912) wirken die Sonnenuntergänge besonders spektakulär. Am Ende des 3,5 km langen Ostteils der alten Brücke liegt die kleine Insel **Pigeon Key** (www.pigeonkey.net, tgl. 10–16 Uhr). In dem einstigen Brückenbaucamp kann man die Wohngebäude der Arbeiter von 1909 (mit Museum zur Inselgeschichte) besichtigen. Der Zugang erfolgt am Ortsausgang von Marathon ab *Knights Key*, dort gibt es in einem Eisenbahnwaggon ein Visitor Center, Anfahrt per Fähre, Tel. 305/743 59 99.

Lower Keys/Big Pine Key

Die westlichen Inseln (Lower Keys) liegen in dem am wenigsten erschlossenen Teil der Keys. Nur auf *Big Pine Key* und der benachbarten *No Name Key* lebt der *Key Deer*, eine bedrohte Zwergart des Weißwedelhirsches (Virginia-Hirsch), die max.

Inselwelt und Meilensteine

Die Inselkette der **Florida Keys** erstreckt sich vom Dry Tortugas National Park bis zum Biscayne National Park südlich von Miami auf einer Länge von 320 km. Sie trennt den Atlantik vom Golf von Mexiko. Bis auf wenige Eilande im Norden bestehen die Keys aus oft scharfkantigem Korallengestein und verfügen kaum über Sandstrände.

Bis in das frühe 20. Jh. waren die Keys nur auf dem Wasserweg zugänglich. Erst Henry Flaglers **Florida East Coast Railway** schloss Key West 1912 nach siebenjähriger Bauzeit an das restliche Florida an. 1935 aber zerstörten die verheerenden Stürme des Labor Day Hurricane die Eisenbahnlinie derartig, dass sie nie mehr instand gesetzt wurde.

Seit 1938 sind die Inseln durch den **Overseas Highway** (Highway 1) über 42 Brücken verbunden. Die Meilenzählung beginnt am Monroe County Courthouse (500 Whitehead Street) in Key West und endet 203 km entfernt auf dem Festland in Florida City bei Meile 126 (eine Auflistung der Meilensteine gibt es unter: www.keyshistory.org/MileMarkerChart.html).

Die meisten Anschriften am Overseas Highway bestehen nur aus dem zugehörigen **Mile Marker** (MM) und dem Zusatz ›oceanside‹ (Atlantikseite/ungerade) oder ›bayside‹ (Bucht zwischen Keys und Festland/gerade), die Hausnummer 32100 z. B. liegt am MM 32.1.

So weit das Auge reicht – die alte und die neue Seven Mile Bridge in den Florida Keys

70 cm hoch und 33 kg schwer wird. Zu ihrem Schutz wurde das **National Key Deer Wildlife Refuge** geschaffen. In den Morgen- und Abendstunden sieht man die Tiere häufig entlang des Key Deer Boulevard nördlich des Overseas Highway. Kurz hinter dessen Beginn befindet sich im Winn Dixie Shopping Plaza das Visitor Center (179 Key Deer Blvd., Tel 305/872 07 74, www.fws.gov/nationalkeydeer).

Weiße, palmengesäumte *Sandstrände* charakterisieren auf Big Pine Key den **Bahia Honda State Park** (36850 Overseas Highway, MM 36.8, Tel. 305/872 32 10, www.bahiahondapark.com, tgl. 8 Uhr bis Sonnenuntergang) an der Westseite der Brücke. Sein **Sandspur Beach** ist einer der schönsten Strände Floridas. Auch zum Schnorcheln sind die Strände hervorragend geeignet.

Das **Looe Key National Marine Sanctuary** 5 Seemeilen südlich von Big Pine Key besticht durch seine schönen Korallenriffe im klaren Meer. Die 1744 gesunkene britische Fregatte *HMS Looe* und andere Schiffswracks sind im Laufe der Jahre zu Riffen geworden, an denen sich viele Arten von Muscheln und Korallen angesiedelt haben. Etwa 3,5-stündige Fahrten mit dem Glasbodenboot inklusive Schnorcheln veranstaltet *Strike Zone Charters* (29675 Overseas Highway, MM 29.6, Tel. 305/872 98 63, www.strikezonecharter.com, tgl. 9.30 und 13.30 Uhr).

Praktische Hinweise

Information

Greater Marathon Chamber of Commerce Visitors Center, 12222 Overseas Highway (MM 53.3, Bayside),

Strandidylle pur bietet der Bahia Honda State Park auf Big Pine Key

Marathon, Tel. 800/262 72 84, www.floridakeysmarathon.com

Unterkunft

Bahia Honda State Park, 36850 Overseas Highway, Big Pine Key, Tel. 800/326 35 21, www.reserveamerica.com. Blockhütten und Campingplatz.

7 Key West

Zauber am Rande der Karibik: Jeden Abend wird gefeiert.

Ureigenen Charme versprüht die südlichste Stadt Floridas, wo das Wasser türkisblau leuchtet und die Palmen sich im warmen Luftstrom wiegen, wo man sich auf der bis in die späten Nachtstunden belebten *Duval Street* ins Open-Air-Nacht- und Kneipenleben stürzt. Im Allgemeinen vergnügen sich Inselbewohner und Besucher selbst im ›tiefsten‹ Winter bei durchschnittlichen Temperaturen von 25 °C tagsüber und 19 °C nachts.

Key West ist zwar eine sehr touristische Stadt, doch bezaubert sie durch ihre subtropische Heiterkeit, ihre ruhige Lebensart sowie ihr karibisches Ambiente. Seit jeher zieht sie Fischer, Künstler und Feriengäste aus aller Herren Länder in ihren Bann. Gefeiert wird immer, sei es mit zahlreichen bärtigen ›Papa‹-Kopien beim *Hemingway Look-Alike-Contest* während der **Hemingway Days** (www.hemingwaydays.net, sechs Tage Ende Juli) beim zehntägigen, karnevalistischen **Fantasy Fest** (www.fantasyfest.com) mit seinen unglaublich kostümierten Teilnehmern

Schauspiel der Natur – Sonnenuntergang am Mallory Square in Key West

Hübsche pastellfarbene Holzhäuser zieren die Duval Street in Key West

Ende Oktober oder aber am *Mallory Square*, wo jeden Abend die Sonne mit Applaus verabschiedet wird.

Ein unabhängiger Geist ist den Bewohnern von Key West seit jeher inne, sie führten stets ein politisches Eigenleben. Im Sezessionskrieg zwischen Nord- und Südstaaten gehörte Florida zwar dem konföderierten Süden an, doch befand sich Key West als einzige Stadt des Staates auf der Seite der *Yankees* aus dem Norden.

Nach Niederwerfung der Piraterie im frühen 19. Jh. lebte Key West von der staatlich lizensierten Ausbeutung untergegangener Schiffe (›shipwrecking‹) vor der riffreichen Küste. Es wurde zu einer der reichsten Städte der USA, wie noch heute die kostbaren ›Gingerbread‹-Ornamentierungen an den Häusern andeuten. In der zweiten Hälfte des 19. Jh. florierte Key West mit der von Kuba importierten *Zigarrenindustrie*, der *Schwammtaucherei* und der Jagd auf *Meeresschildkröten*. Mit Ankunft der Eisenbahn 1912 begann der *Tourismus* aufzukeimen. Ein Schlag für die Stadt war 1935 der *Labor Day Hurricane*, der die Bahnverbindung ins Meer fegte. Drei Jahre vergingen, bevor der *Overseas Highway* Key West erneut mit der Außenwelt verband. 1982 – als Polizeikontrollen auf der Suche nach illegalen kubanischen Einwanderern den Verkehr zu den Keys zu stark behinderten – erklärte sich Key West als Hauptstadt der *Conch Republic* kurzerhand für unabhängig, wenn auch nur für kurze Zeit. Die auf der Insel geborenen Einwohner nennen sich nach den großen Tritonshornschnecken stolz ›Conchs‹ (sprich ›konks‹). Alljährlich Ende April erinnert die ausgelassene zehntägige *Conch Republic Independence Celebration* (www.conchrepublic.com) an dieses Ereignis.

Sehr schön lässt sich die nur 19 km² kleine Insel übrigens auch per Fahrrad oder Motorroller erkunden (Island Bicycles, 929 Truman Ave., Tel 305/292 97 07, www.islandbicycle.com).

Ein guter Ausgangspunkt für die Besichtigung von Key West ist die TOP TIPP **Duval Street** ❶, die Hauptstraße der Altstadt. An dem ansehnlichen Straßenzug zwischen Golf von Mexiko und Atlantik ziehen Touristen und Conchs

Schnurren erwünscht – etwa 50 Katzen leben im Ernest-Hemingway-Museum

entlang, hier sind die Attraktionen und spielt sich das Nachtleben ab – für Langeweile bleibt da keine Zeit. Die Straße säumen mit feinen Holzschnitzereien geschmückte pastellfarbene Häuser, in denen sich meist Geschäfte und Boutiquen niedergelassen haben. Cafés und Restaurants offerieren Key Wests Spezialitäten, wie die in Teig ausgebackenen *Conch Fritters* und zum Nachtisch *Key Lime Pie*, den typischen Limonenkuchen. An der Duval Street steht zudem Key Wests ältestes Haus von 1829, in dem heute das **Oldest House Museum & Gardens** (322 Duval Street, Tel. 305/294 95 01, www.oirf.org, Mo/Di, Do–Sa 10–16 Uhr) untergebracht ist. Zu sehen sind historische Möbel und Schiffsmodelle, eine interaktive Karte zeigt die Lage der Schiffswracks vor den Keys.

Die berühmteste Kneipe der Stadt, wenn nicht der gesamten Inselkette, ist **Sloppy Joe's** (201 Duval Street, Tel. 305/294 57 17, www.sloppyjoes.com) mit Live-Musik bis spät in die Nacht. Es war das Lieblingslokal von ›Papa‹ *Hemingway*.

Die Pier neben dem **Mallory Square** 2 an der nördlichen Spitze der Altstadt ist Ankerplatz der riesigen Kreuzfahrtschiffe. Abends versammeln sich hier die Menschen zur *Sunset Celebration* (www.sunsetcelebration.org), um die Sonne als glühenden Feuerball versinken zu sehen. Die Stunde der Dämmerung ist die Zeit der Gaukler und Jongleure, an Ständen werden aus Palmblättern geflochtene Hüte und Obstschalen verkauft.

Unweit vom Mallory Square kommt man in dem kleinen, bereits 1934 eröffneten **Key West Aquarium** 3 (1 Whitehead Street, Tel. 888/544 59 27, www.keywestaquarium.com, tgl. 10–18 Uhr) den Fischen und Seetieren aus heimischen Gewässern ›zum Greifen nahe‹. Man darf der Handfütterung der Haie zusehen und ein ›Touch Tank‹ erlaubt das Anfassen diverser Tiere. Außerdem präsentiert hier das **Key West Shipwreck Museum** (1 Whitehead Street, Tel. 305/292 89 90, www.keywestshipwreck.com, tgl. 9.40–17 Uhr) eine spannende Zeitreise in das Key West von 1856. Schaupieler, Filme und Fundstücke des 1856 gesunkenen und 1985 wiederentdeckten Segelschiffs *Isaac Allerton* entführen in die bewegten Anfangstage der Stadt – genießen Sie den Blick vom 20 m hohen Aussichtsturm.

Audubon House & Tropical Gardens 4 (205 Whitehead Street, Tel. 305/294 21 16, www.audubonhouse.com, tgl. 9.30–17 Uhr) ist nach dem Naturforscher *John James Audubon* (1785–1851) benannt, der 1832 die Vögel auf Key West studierte und zeichnete. Das zeitgenössisch eingerichtete Anwesen zeigt heute Audubons Bilder, die als Illustrationen für sein Nachschlagewerk ›Birds of America‹ entstanden. Die reizvollen tropischen Gärten laden zum Spaziergang ein.

Gleich um die Ecke liegt das **Mel Fisher Maritime Museum** 5 (200 Greene Street, Tel. 305/294 26 33, www.melfisher.org, Mo–Fr 8.30–17, Sa/So 9.30–17 Uhr), das Schatzmuseum der gleichnamigen Gesellschaft. Mit seinen Preziosen, dem Gold und den Juwelen spanischer Galeonen, u.a. vom Wrack der 1622 gesunkenen ›Atocha‹, ist es das beste Museum seiner Art in Florida. Weitere Ausstellungen beleuchten das für Florida stets aktuelle Thema der Unterwasserarchäologie.

Im nahe gelegenen, 1890 erbauten **Harry S. Truman Little White House** 6 (111 Front Street, Tel. 305/294 99 11, www.trumanlittlewhitehouse.com, tgl. 9–17 Uhr) war ursprünglich eine Marinekommandantur untergebracht. Ab 1946 nutzte US-Präsident *Harry Truman* das Haus als Ferienwohnsitz.

Im Westen von Truman Annex, dem in ein nobles Wohnviertel verwandelten alten Marinestützpunkt, liegt **Fort Zachary Taylor Historic State Park** 7 (601 Howard England Way, Tel. 305/292 67 13, www.floridastateparks.org/forttaylor, tgl. 8 Uhr bis Sonnenuntergang, Fort bis 17 Uhr). Die Festung wurde während des Sezessionskrieges von den Truppen der Nordstaaten besetzt. Heute lockt hier einer der schönsten Badestrände der Insel, außerdem führen nette Fahrradwege über das Gelände.

Das **Ernest Hemingway Home & Museum** 8 (907 Whitehead Street, Tel. 305/294 11 36, www.hemingwayhome.com, tgl. 9–17 Uhr) liegt – von einem Tropengarten umgeben, in dem etwa 50 sechszehige Katzen leben – im Zentrum der Stadt. In dem heute als *Museum* eingerichteten, teils original möblierten Haus im spanischen Kolonialstil lebte 1931–40 der Schriftsteller und Nobelpreisträger, Sportfischer und Großwildjäger *Ernest Hemingway* (1899–1961). Hier schrieb er die Werke ›Die grünen Hügel Afrikas‹ (1935) und ›Wem die Stunde schlägt‹ (1940).

In Sichtweite ragt der weiße schlanke **Key West Lighthouse** 9 (938 Whitehead Street, Tel. 305/294 00 12, www.kwahs.org, tgl. 9.30–16.30 Uhr) von 1847 empor. Aus 26 m Höhe blickt man über das schöne Panorama. Ausstellungen zur maritimen Geschichte zeigt das Leuchtturmwärterhaus *Keeper's Quarters Museum* am Fuß des Turms.

Die leuchtend rote Boje am **Southernmost Point in Continental USA** 10 ist einer der populärsten Besuchspunkte von Key West. ›90 Miles to Cuba‹, nur 145 km ist man von der Karibikinsel entfernt, wie ein Schild am Zaun verkündet, aber rund 250 km sind es nach Miami. Vor dem Ozeanpanorama reihen sich die Stände von Souvenirverkäufern aneinander.

i Praktische Hinweise

Information

Key West Chamber of Commerce, 510 Greene Street, Key West, Tel. 305/294 25 87, www.keywestchamber.org, www.fla-keys.com

Rundfahrten

Conch Tour Train, 303 Front Street, Key West, Tel. 888/916 86 87, www.conchtour

train.com, tgl. 9–18 Uhr, alle 30 Min. 90-minütige Rundfahrt ohne Stopp in Minibahnwaggons mit humorvoller Kommentierung.

Old Town Trolley Tours, 201 Front Street, Key West, Tel. 855/623 82 89, www.trolley tours.com, tgl. 9–18 Uhr, alle 30 Min. 90-minütige kommentierte Touren in offenen Kleinbussen (Hop-on-and-off an zwölf Haltestellen).

Bootstouren

Fury Water Adventures, ab Pier Duval Street, Key West, Tel. 888/976 08 99, www.furycat.com. Zweistündige Ausflüge mit dem Glasbodenboot zum Korallenriff (tgl. 12 und 14 Uhr), abends kann man sich auf eine romantische Sonnenuntergangsfahrt begeben.

Hotels

****__The Reach Waldorf Astoria Resort__, 1435 Simonton Street, Key West, Tel. 305/296 50 00, www.reachresort.com. Exklusives Hotel mit idyllischer Badebucht. Das luxuriöse Spa und der großzügige Pool verheißen Wellnessfreuden.

TOP TIPP ***__Cypress House__, 601 Caroline Street, Key West, Tel. 800/549 44 30, www.historickeywestinns.com/the-inns/cypress-house. Das attraktive B & B von 1888 in zentraler Altstadtlage, nur einen Block von der Duval Street entfernt, zeichnet sich durch einen großen Pool im üppigen Garten aus.

***__Island City House__, 411 William Street, Key West, Tel. 800/634 82 30, www.island cityhouse.com. Edle, um 1880 erbaute viktorianische Pension in der Altstadt, bestehend aus drei Häusern. Im schönen Tropengarten steht morgens das Frühstücksbuffet bereit.

Angelina Guesthouse, 302 Angela Street, Tel. 888/303 44 80, www.angelina guesthouse.com. Kleines, gemütliches B & B in einem Haus aus den 1920er-Jahren, zwei Blocks von der Duval Street entfernt. Im schönen Garten frühstückt man morgens u. a. täglich frisch gebackene Zimtschnecken.

Restaurants

El Meson De Pepe, 410 Wall Street (am Mallory Square), Key West, Tel. 305/295 26 20, www.elmesondepepe.com. Gutes kubanisches Restaurant, im

Stürmische Naturgewalt

Eine der wenigen, dafür aber heftigen Plagen Floridas sind die berüchtigten **Hurrikane**. Diese tropischen Wirbelstürme entstehen durch einen gewaltigen Sog aus Tiefdruckgebieten über der Karibik oder dem Atlantik und bewegen sich dann in relativ gleichmäßigem Tempo nordwärts. Über Wasser gewinnen sie erheblich an Kraft, während ein Landfall ihre Geschwindigkeit bremst. Hurrikane verursachen zwar mit extremen Windgeschwindigkeiten von bis zu 300 km/h enorme Schäden, aber für die großen Katastophen ist das verheerende Zusammenwirken mit meterhohen Flutwellen und starken Niederschlägen verantwortlich. In einem solche Fall hat z. B. der Hurrikan Katrina, mit 187 Mrd. US-$ an Schäden der kostspieligste Hurrikan aller Zeiten, im August 2005 die teilweise unter dem Meeresspiegel liegende Stadt New Orleans in Louisiana vielerorts überschwemmt. Als zweitteuerste Katastrophe verursachte Hurrikan Sandy im Jahr 2012 einen Schaden von 71 Mrd. US-$.

Hurrikan-Saison ist von Juni bis November, mit Höhepunkten von August bis Oktober. Seit 1953 erhalten Hurrikane **Vornamen**, zunächst weibliche, seit 1979 auch männliche Vornamen.

Dank modernster Technik kann das **National Hurricane Center** (www.nhc.noaa.gov) in Miami den Verlauf des 30–60 km breiten ›Hurrikan-Auges‹, das sich mit 25–30 km/h noch langsam fortbewegt, recht gut prognostizieren. Bei Gefahr werden Touristen, bei Bedarf auch Einheimische rechtzeitig aus der Sturmschneise evakuiert.

Aufgrund ihrer enormen Zerstörungskraft forderten die Hurrikane immer wieder einen **hohen Preis** in Florida, den bisher höchsten 1928, als im Raum Palm Beach/Lake Okeechobee über 2500 Menschen starben. Der niedrigste je bei einem Hurrikan gemessene Luftdruck (892 hPa) sowie die hohen Windgeschwindigkeiten und Flutwellen des *Labor Day Hurricane* von 1935 rissen auf den Keys 400 Personen und die Eisenbahntrasse ins Verderben.

Nur per Flugzeug oder Schiff erreichbar sind die Dry Tortugas mit dem trutzigen Fort Jefferson

Cayo Hueso y Habana, wo Zigarrenroller ihr Handwerk demonstrieren.

La Crêperie French Café, 300 Petronia Street, Key West, Tel. 305/517 67 99, www.lacreperiekeywest.com. Tolle Omelettes und Galettes in gemütlicher Atmosphäre, gelegen in einer ruhigen Seitenstraße.

Turtle Kraals, 231 Margaret Street, Key West, Tel. 305/294 26 40, www.turtlekraals.com. Fangfrischer Fisch und Muscheln werden in ungezwungener Atmosphäre am Hafen serviert.

8 Dry Tortugas National Park

Trockene Schildkröteninseln: einsamer Archipel am Südzipfel der USA.

Aus der Luft bietet sich beim Anflug auf den Dry Tortugas National Park eine exzellente Sicht auf Inseln, Korallenriffe und Schiffswracks im außerordentlich klaren Wasser. Inmitten des blaugrünen Ozeans erhebt sich auf *Garden Key* das massive, sechseckige **Fort Jefferson**, die größte Küstenfestung der USA, die in der ersten Hälfte des 19. Jh. erbaut wurde. *Juan Ponce de León* benannte die abgelegenen Inseln im 16. Jh. nach den in großer Zahl vorhandenen Meeresschildkröten (span. tortugas). Den Zusatz *dry* (= trocken) erhielten sie, weil es dort kein Frischwasser gab. Lange Jahrhunderte blieb es auf den Eilanden ruhig und menschenleer. Erst 1846 begannen die Bauarbeiten an dem strategisch günstig vor der Südspitze der USA gelegenen Fort. Seine rund 2,50 m dicken Mauern, die 450 Kanonen und 1000 Mann Besatzung mussten allerdings nie eine Feuerprobe bestehen. Die Armee gab das noch unvollendete Bollwerk nach Gelbfieberepidemien und einem Hurrikan 1874 auf, moderne Waffensysteme hatten die abgelegene Trutzburg im Meer längst obsolet gemacht.

Die **Dry Tortugas** liegen 110 km westlich von Key West und wurden 1992 zum **Nationalpark** erklärt. Mit ihrer schützenswerten Fülle an Korallenbänken, Tropenfischen, Haien und Seeschildkröten stellen die Riffe die Attraktion des Parks dar. Über Wasser begeistert der große Vogelreichtum der Inseln, da Tausende von Zugvögeln hier regelmäßig Rast machen. Während der Brutsaison der Rußseeschwalben von Mitte Januar bis Mitte Oktober bleibt die kleine Insel *Bush Key* allein den Vögeln vorbehalten.

i Praktische Hinweise

Information

Dry Tortugas National Park Visitor Center, Fort Jefferson, Garden Key, Tel. 305/242 77 00, www.nps.gov/drto

Boots- und Wasserflugzeugtouren

Key West Seaplane Tours, 3471 South Roosevelt Boulevard, Key West, Tel. 305/293 9300, www.keywestseaplanecharters.com. 4-stündiger Trip zu den Dry Tortugas ab Key West International Airport, jeweils 40 Min. Flug je Strecke.

Yankee Freedom Ferry, 100 Grinnell St., Key West, Tel. 800/634 09 39, www.drytortugas.com. Abfahrt tgl. 8 Uhr ab Historic Seaport. Bootstour nach Fort Jefferson (2 Stunden einfache Fahrt), dort 5 Stunden Aufenthalt, inklusive Essen, Getränken und Schnorchelausrüstung.

Südliche Atlantikküste – Floridas traditionelle Urlaubsregion zwischen noblen Straßen und langen Kanälen

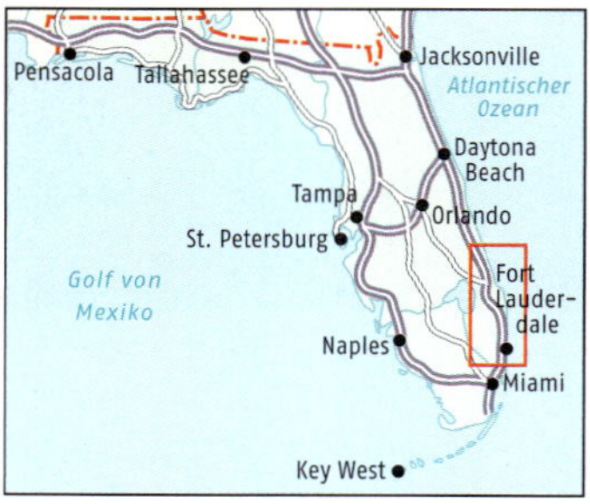

Eine Vielzahl von Wasserwegen macht **Fort Lauderdale** zum ›Venedig Amerikas‹, der lange Sandstrand ist der wichtigste Treffpunkt der Stadt. **Boca Raton**, ein Stück weiter nördlich, bezaubert durch die Anmut mediterraner Architektur. **Palm Beach**, mondäner Urlaubsort der Reichen und Schönen, lädt zum eleganten Shopping und in edle Museen ein. Ein fantastischer Naturpark und ein roter Leuchtturm sind die Stars von **Jupiter**. Auf der schmalen **Hutchinson Island** an der ›Schatzküste‹ findet zwar nicht jeder einen Schatz, aber alle einen Platz an der Sonne, und abends führen Beobachtungstouren zu den Nistplätzen der Meeresschildkröten.

9 Fort Lauderdale

Wassertaxis und Luxusjachten im amerikanischen Venedig.

Kanäle, Flüsse, Buchten wohin das Auge blickt. Knapp 500 km navigierbare Wasserwege durchziehen Fort Lauderdale. Die Stadt besitzt den zweitgrößten Kreuzfahrthafen der Welt (Port Everglades, www.porteverglades.net), und entlang schnurgerader Kanäle ankern schier unendliche Reihen stolzer, schneeweißer Luxusjachten vor den Gärten nobler Villen. Fort Lauderdale wurde von *Major William Lauderdale* 1838 als militärischer Stützpunkt an der Stelle der heutigen Bahia Mar Marina gegründet, doch setzte auch hier erst 1896 mit dem Anschluss an Henry Flaglers *East Coast Railway* der Fortschritt ein. Während des Wirtschaftsbooms der 1920er-Jahre ließen Landspekulanten jene fingerförmigen Inseln und Kanäle nach dem Vorbild Venedigs errichten, mit denen sich die Stadt ihren klangvollen Beinamen verdiente.

In der **Bahia Mar Marina** beginnen auch die dreistündigen Sightseeingtouren der *Jungle Queen* [s. S. 45] auf dem New River. Dabei lässt sich Fort Lauderdales prächtige *subtropische Inselwelt* erleben. Unterwegs ergeben sich schöne Fotogelegenheiten, weil die Ausflugsschiffe mondäne Villen und üppige Gärten aus nächster Nähe passieren.

Palmen und Hotels säumen den Sandstrand von Fort Lauderdale

Größte Attraktion der Stadt ist ihr 37 km langer **Sandstrand**. Im Zaum gehalten wird die feinkörnige Pracht vom wellenförmig gezogenen **Seawall**, einer niedrigen Mauer, die das Wegspülen des Sandes verhindert. Auf der Strandpromenade im Schatten der Palmen tummeln sich Spaziergänger, Fahrradfahrer und Inline-Skater. Das Zentrum der Aktivitäten liegt 3 km beiderseits der Einmündung des **Las Olas Boulevard** (www.lasolasboulevard.com). Boutiquen, Kunstgalerien und Antiquitätenläden säumen diesen gepflegten Straßenzug Richtung Downtown, ebenso wie Restaurants und Straßencafés. Flussbegleitend windet sich der mit Blumenbeeten und Bänken geschmückte, gepflasterte *Riverwalk* vom Stranahan House bis zum Kunst- und Kulturzentrum *Broward Center for the Performing Arts* (201 SW Fifth Avenue, Tel. 954/462 02 22, www.browardcenter.org).

Das 1901 als Handelsniederlassung der Siedlerfamilie Stranahan entstandene und als Museum hübsch restaurierte **Stranahan House** (335 Southeast 6th Avenue, Tel. 954/524 47 36, www.stranahanhouse.org, einstündige Führungen tgl. 13, 14 und 15 Uhr) ist das älteste Gebäude von Fort Lauderdale. Mit seinem teils originalen Mobiliar legt es heute beredtes Zeugnis ab von der Gründerzeit der Region.

Farbenfroher Kunstgenuss bietet sich dem Betrachter im Museum of Art Fort Lauderdale

Ein Stück weiter am Las Olas Boulevard befindet sich das **NSU Art Museum** (1 East Las Olas Boulevard, Tel. 954/525 55 00, www.nsuartmuseum.org, Di/Mi, Fr/Sa 11–17, Do 11–20, So 12–17 Uhr), das Werke des Impressionisten William Glackens und

Zahlreiche Kanäle brachten Fort Lauderdale seinen Beinamen ›amerikanisches Venedig‹ ein

der von 1948–51 bestandenen europäischen Kunstgruppe CoBra sowie zeitgenössische kubanische und lateinamerikanische Kunst zeigt. Ergänzt wird das Angebot durch Wechselausstellungen.

Unweit von hier bietet das **Museum of Discovery and Science** (401 Southwest 2nd Street, Tel. 954/467 66 37, www.mods.org, Mo–Sa 10–17, So 12–18 Uhr) interaktive Ausstellungsbereiche zu den Themen Wissenschaft und Natur. So erfährt man Näheres zur Weltraumforschung, und eine originelle, riesige Uhr mit mehreren Kugelbahnen demonstriert Schwerkraft. Außerdem werden Floridas Ökosysteme vorgestellt, insbesondere das Leben in den Everglades. Im eindrucksvollen *IMAX 3D-Kino* laufen 3D-Filme im Riesenformat mit modernster Klangtechnik.

Gut 2,5 km nördlich des Las Olas Boulevard erstreckt sich der **Hugh Taylor Birch State Park** (3109 East Sunrise Boulevard, Tel. 954/564 45 21, www.floridastateparks.org/hughtaylorbirch, tgl. 8 Uhr bis Sonnenuntergang). Seine Lagunen, Mangroven und Hartholzbäume erstrecken sich zwischen Atlantik und Intracoastal Waterway. Am *Visitor Center* kann man Kanus ausleihen und auf den ruhigen Wassern des Long Lake dahinpaddeln, ein kurzer *Wanderpfad* führt in die Mangroven hinein und es gibt einen Zugang zum *Strand*.

Etwa 13 km südlich von Downtown Fort Lauderdale nimmt der dünen- und mangrovenbesetzte **John U. Lloyd Beach State Park** (6503 North Ocean Drive, Tel. 954/923 28 33, www.floridastateparks.org/lloydbeach, tgl. 8 Uhr bis Sonnenuntergang) die Spitze einer schmalen Halbinsel zwischen Atlantik und Intracoastal Waterway ein. Seine Attribute sind ein weißsandiger Badestrand am Atlantik und Angelpiers.

In **Davie** südwestlich von Fort Lauderdale befinden sich die **Flamingo Gardens** (3750 South Flamingo Road, Tel. 954/473 29 55, www.flamingogardens.org, tgl. 9.30–17 Uhr). Eine 25-minütige Trambusfahrt (11–16 Uhr, alle 30 Min.) vermittelt einen Überblick über die botanischen Gärten mit Regenwald und Küstenflachland, Greifvogelgehege, Freiflugvoliere mit Flamingos und anderen tropischen Vögeln sowie Seen mit Alligatoren und Flussottern.

In der wunderbaren Freiflugvoliere der **Butterfly World** (3600 West Sample Road, Tel. 954/977 44 00, www.butterflyworld.com, Mo–Sa 9–17, So 11–17 Uhr) im **Trade-**

winds Park in Coconut Creek nordwestlich von Fort Lauderdale leben unzählige einheimische und exotische Schmetterlinge sowie farbenfrohe Vögel.

Praktische Hinweise

Information

Greater Fort Lauderdale Convention & Visitors Bureau, 101 NE 3rd Avenue, Suite 100, Fort Lauderdale, Tel. 800/ 227 86 69, www.sunny.org

Bootstouren

Jungle Queen Riverboat, 801 Seabreeze Boulevard, Fort Lauderdale, Tel. 954/462 55 96, www.junglequeen.com. Täglich 11 und 16.30 Uhr 90-minütige, 13.30 Uhr dreistündige Sightseeingfahrten und 18 Uhr vierstündige Dinnerfahrten ab Bahia Mar Marina.

TOP TIPP **Water Taxi**, Fort Lauderdale, Tel. 954/ 467 66 77, www.watertaxi.com. Am Intracoastal Waterway und am New River liegen 20 Wassertaxi-Haltestellen auf drei untereinander verbundenen Routen. Preiswerte *All Day Passes* berechtigen einen Tag lang zu unbegrenzt vielen Fahrten.

Einkaufen

TOP TIPP **Sawgrass Mills**, 12801 West Sunrise Boulevard, Fort Lauderdale, Tel. 954/846 23 50, Mo–Sa 10–21.30, So 11–20 Uhr, www.simon.com/mall/ sawgrass-mills. Direktverkauf ab Hersteller in einer der größten Outlet Malls der Welt mit über 350 Geschäften, 40 Restaurants und IMAX-Riesenleinwandkino.

Swap Shop, 3291 West Sunrise Boulevard, Fort Lauderdale, Tel. 954/791 79 27, www.floridaswapshop.com. Flohmarkt und Basar in Hallen (tgl. 8–17 Uhr) und unter freiem Himmel (tgl. ab 6 Uhr), über 2000 Händler für neue und gebrauchte Waren sowie ein Bauernmarkt.

Hotels

******Riverside Hotel**, 620 East Las Olas Boulevard, Fort Lauderdale, Tel. 844/ 467 06 71, www.riversidehotel.com. Das elegante, nostalgisch-charmante Haus von 1937 steht am bekanntesten Straßenzug Fort Lauderdales. Mit exzellentem Restaurant.

*****The Away Inn**, 4653 North Ocean Drive, Lauderdale-By-The-Sea, Tel. 877/671 29 29, www.awayinn.com. Kleines, familiäres Hotel nur einen Block vom Strand entfernt und mit eigenem Pool. Alle Zimmer und Apartments sind mit einer kleinen Küche ausgestattet.

Restaurants

Lola's on Harrison, 2032 Harrison Street, Hollywood, Tel. 954/927 98 51, www.lolasonharrison.com. Ausgezeichnete amerikanische Küche abseits des Hamburgers in einem Vorort von Fort Lauderdale (So/Mo geschl.).

Mai-Kai Restaurant, 3599 North Federal Highway (= Highway 1), Fort Lauderdale, Tel. 954/563 32 72, www.maikai.com. Polynesisches Restaurant mit der Küche des Südpazifiks. Di–So ab 16 Uhr Dinner, danach 1–3 tropisch-bunte Tanzshows.

Sea Watch on the Ocean, 6002 North Ocean Boulevard, Fort Lauderdale, Tel. 954/781 22 00, www.seawatchontheocean.com. Seit 1974 stets eines der besten Seafood-Restaurants der Region, tolle Lage auf einer Düne am Strand nördlich der Stadt.

Shoppingfreuden für Schnäppchenjäger – die Sawgrass Mills Outlet Mall in Fort Lauderdale

10 Boca Raton

Pastellfarbene Architektur und fantastische Natur.

Zwischen Palm Beach und Fort Lauderdale liegen so beliebte Ferienorte wie Boca Raton und Delray Beach, die zugleich begehrte Domizile der Stars und Wohlhabenden sind. Kilometerweit ziehen sich auf schmalen, lang gestreckten Nehrungsinseln vor der Küste ruhige Atlantikstrände dahin.

Bis heute prägen Bauten *Addison Mizners* Boca Raton. Der exzentrische Architekt entwarf in den frühen 1920er-Jahren, vor dem Zusammenbruch des Florida Landbooms, Boca Raton als Traumstadt im spanisch-mediterranen Stil. Mit Vorliebe ließ er pink- und pastellfarbene Häuser mit hübschen roten Ziegeldächern und schattigen Arkaden erbauen. Prächtigstes Beispiel seiner fantasievollen Schaffenskraft ist das **Cloister Inn**, in dem jetzt das mondäne ›Boca Raton Resort & Club‹ (501 East Camino Real, s. S. 48) residiert.

Der von Addison Mizner inspirierte **Mizner Park** (327 Plaza Real, Tel. 561/362 06 06, www.miznerpark.com, Mo–Sa 10–21, So 12–18 Uhr) beeindruckt als elegant konzipiertes *Einkaufsviertel* in spanisch-mediterranem Ambiente am Federal Highway (Highway 1). Luftige Arkaden, 50 Shops und elegante Restaurants, ein Amphitheater, Brunnen und palmenbeschattete Bürgersteige sind Merkmale des reizvollen Viertels.

Im **Gumbo Limbo Nature Center** (1801 North Ocean Boulevard, Bayside, Tel. 561/544 86 05, www.gumbolimbo.org, Mo–Sa 9–16, So 12–16 Uhr) führt ein schattiger Wanderweg durch typische *Ökosysteme* der Küste: Dünen, Hartholz-Bauminseln, Palmenbestände und Mangrovendickichte. Sehenswert sind zudem Exemplare des wegen seiner dünnen, rötlichen, abschälenden Borke auch ›Tourist Tree‹ genannten Gumbo Limbo (Weißgummi-

Farbenfrohe Extravaganz – das von Addison Mizner entworfene Boca Raton Resort and Club

Die Hektik des modernen Lebens ist im beschaulichen Delray Beach weit entfernt

baum) aus der Familie der tropischen Balsambaumgewächse. Im *Nature Center* zeigen vier große Salzwassertanks unterschiedliche Ökosysteme der Küsten Südfloridas. Vom *Aussichtsturm* schweift der Blick weit über das dichte grüne Blätterdach und die silberglänzenden Wasserflächen des Intracoastal Waterway.

Gegenüber vom Gumbo Limbo Nature Center erstreckt sich der **Red Reef Park** (1400 North A1A), wo man nur wenige Meter vom Badestrand entfernt über künstlich angelegten Steinriffen zwischen bunten Fischschwärmen schnorcheln kann.

Ausflüge

Am nordwestlichen Stadtrand – bereits in **Delray Beach** – beschäftigt sich das **Morikami Museum and Japanese Gardens** (4000 Morikami Park Road, Tel. 561/495 02 33, www.morikami.org, Di–So 10–17 Uhr) mit der Historie der ersten japanischen Farmer, die sich im frühen 20. Jh. als *Yamato Colony* in Boca Raton ansiedelten, sowie mit japanischer Kunst und Kultur. Hinter dem Museumsgebäude erstreckt sich auf gut 80 ha einer der größten japanischen Gärten der USA.

Gut 21 km westlich befindet sich das **Arthur R. Marshall Loxahatchee National Wildlife Refuge**, ein Naturschutzgebiet der Everglades, in dem Alligatoren, zahlreiche Wasservogelarten sowie Waldstörche leben. Von der Parkinformation der *Headquarters Area* (10216 Lee Road, Boynton Beach, Abzweig vom Highway 441 zwischen SR 804 und SR 806, Tel. 561/732 36 84, www.loxahatcheefriends.com, tgl. 9–16 Uhr) im Ostteil des Schutzgebietes läuft man 600 m auf den Windungen des *Cypress Swamp Boardwalk* durch einen wunderschönen Zypressensumpf. Bromelien, Luftpflanzen, Orchideen und Farne gedeihen in den Astgabeln, an den Ästen und am Fuß der Bäume. Einen vollkommen anderen Lebensraum durchquert der auf einem nahen Deich entlangführende, 2 km lange *Marsh Trail*, der weite Blicke über das meist baumlose, schilf- und grasbestandene Marschland erlaubt, das den Frischwasservorrat für die Bevölkerung speichert.

i Praktische Hinweise

Bootstouren

Loxahatchee Everglades Tours, 15490 Loxahatchee Road (SR 827), Parkland, Tel. 800/683 58 73, www.evergladesairboattours.com. Südlich knapp außerhalb der Schutzzone des Loxahatchee National Wildlife Refuge gibt es tgl. von 9–16 Uhr Airboattouren durch das Schilfgras, Dauer 50, 70 oder 90 Min.

Luxus garantiert – Palm Beachs Grandhotel The Breakers

Hotels

****__Boca Raton Resort & Club__, 501 East Camino Real, Boca Raton, Tel. 888/5431277, www.bocaresort.com. 1926 von Addison Mizner erbautes Grandhotel.

***__Delray Beach Marriott__, 10 North Ocean Boulevard, Delray Beach, Tel. 877/3890169, www.marriott.com/pbidr. Hotel in mediterranem Stil gegenüber vom Strand, mit Pool, Arkadengängen und Wasserfall.

Restaurant

J & J Seafood Bar and Grill, 634 East Atlantic Avenue, Delray Beach, Tel. 561/2723390, www.jjseafooddelray.com. Das Lokal serviert frische Fisch- und Meeresfrüchtespezialitäten (So geschl.).

11 Palm Beach

Traditionell nobel: Leben und Urlauben am Palmenstrand.

Palmenbestandene Boulevards, eine subtropisch-charmante Atmosphäre, grüne Viertel mit den Villen der Wohlhabenden hinter üppigen Hecken kennzeichnen Palm Beach – kurzum, ein gepflegter Wohnort und ein attraktives Urlaubsziel. Downtown Palm Beach schmückt sich mit der *Worth Avenue* (www.worth-avenue.com), einer der exklusivsten Einkaufsmeilen diesseits des Atlantiks, an der sich schicke Boutiquen, edle Antiquitätengeschäfte und Kunstgalerien aneinanderreihen und ständig eine große Anzahl edelster Luxuslimousinen fotogen parken.

Kein Durchgangsverkehr zerschneidet Palm Beach und das lokale Verkehrsaufkommen hält sich – sehr zur Freude von Radfahrern – stark in Grenzen (Radverleih bei Palm Beach Bicycle, 223 Sunrise Ave., Tel. 561/6594583, www.palmbeachbicycle.com).

Der Eisenbahnmagnat *Henry Morrison Flagler* erkannte im ausgehenden 19. Jh. das Potenzial Südfloridas als Winterurlaubsziel und verlängerte seine Florida East Coast Railway bis in das damals verschlafene Örtchen Palm Beach. Mit der Ankunft der Eisenbahn 1894 entstand auf der heutigen Royal Poinciana Plaza auch das **Royal Poinciana Hotel**, das weltgrößte aus Holz erbaute Hotel. Von Flaglers hier errichteten Grand Hotels der Gründerjahre steht jedoch nur noch das 1926 auf den Mauern des abgebrannten ›Palm Beach Inn‹ errichtete **The Breakers** [s. S. 50], das nach wie vor zu Floridas Spitzenhotels gehört.

Südlich der Royal Poinciana Plaza liegt das Viertel *Whitehall*. Wo sich heute im originalgetreu dekorierten **Henry Morrison Flagler Museum** (1 Whitehall Way, Tel. 561/655 28 33, www.flagler.org, Di–Sa 10–17, So 12–17 Uhr) der opulente Reichtum des frühen 20. Jh. bestaunen lässt, wurde von Mitte der 1920er- bis Ende der 1950er-Jahre ein Hotel betrieben. Ursprünglich hatte Flagler den noblen Wohnsitz 1902 anlässlich seiner dritten Hochzeit erbauen lassen. Eine marmorne Eingangshalle führt zu Kunstschätzen und Antiquitäten aus aller Welt, Statuen schmücken einen malerischen Innenhof. Auf dem Grundstück steht auch Flaglers Eisenbahnwaggon ›The Rambler‹ aus dem Jahr 1886.

Die nördlich von Palm Beach gelegene **Singer Island** wurde in den 1920er-Jahren von *Paris Singer*, dem Sohn des berühmten Nähmaschinenfabrikanten erschlossen. Heute ist die ruhige Insel mit Hotels und Ferienwohnungen der höheren Kategorie gespickt, im Jachthafen schaukelt ein Meer von Masten. Viel Erfolg versprechen die in der **Sailfish Marina** (Tel. 561/844 17 24, www.sailfishmarina.com) an der Südwestseite der Insel beginnenden *Hochseeangeltouren*, in den Schaukästen vor den Anlegern hängen Fotos der schuppigen Trophäen aus. Von hier aus starten auch die Sightseeingboote von **Palm Beach Water Taxi** [s. S. 50] zu eineinhalbstündigen Ausflugsfahrten auf dem Lake Worth.

Zwischen Atlantik und Lake Worth nimmt der ursprüngliche **John D. MacArthur Beach State Park** (10900 Jack Nicklaus Drive (SR A1A), Tel. 561/624 69 50, www.floridastateparks.org/macarthurbeach, tgl. 8 Uhr bis Sonnenuntergang) den Mittelteil von Singer Island ein. Durch den schattigen Hartholzwald der Umgebung schlängeln sich kurze *Naturpfade*. Ein 500 m langer Holzsteg überbrückt die flache, mangrovengesäumte Bucht des Lake Worth und führt zu den bewachsenen *Sanddünen*, unterhalb derer sich lang und schmal der Atlantikstrand erstreckt. Wer nicht laufen will, dem sei die hier verkehrende *Trambahn* (tgl. 10–16 Uhr) empfohlen. An den ruhigen Strandabschnitten des Parks legen zwischen Anfang Mai und Ende August *Meeresschildkröten* ihre Eier ab.

West Palm Beach, die Stadt westlich des Lake Worth, entstand aus den Wohnvierteln von Flaglers Eisenbahnarbeitern. Die große Nachbarin von Palm Beach ist heute das kommerzielle Zentrum der Region. Lohnend ist ein Besuch des **Norton Museum of Art** (1451 South Olive Avenue, Tel. 561/832 51 96, www.norton.org, Di/Mi, Fr/Sa 10–17, Do 10–21, So 11–17 Uhr). Das erstklassige Kunstmuseum zeigt Werke amerikanischer Künstler von 1870 bis heute. Zu den Höhepunkten der Sammlung gehören französische Kunst des 19./20. Jh. mit Gemälden von *Claude Monet, Paul Gauguin* u. a. sowie *chinesische Kunstgegenstände* aus Jade und Porzellan. Auch die Ausstellung zeitgenössischer Fotografie ist interessant.

Interaktive Ausstellungsbereiche bietet das **South Florida Science Center** (4801 Dreher Trail North, Tel. 561/832 19 88,

Exklusive Einkaufsmeile – die Worth Avenue in Palm Beach

www.sfsciencecenter.org, Mo–Fr 9–17, Sa/So 10–18 Uhr), ein kleines Wissenschaftsmuseum mit Aquarium im Dreher Park. Das dem Museum angeschlossene *Dekelboum Planetarium* zeigt sehenswerte Sternen- und Lasermusikshows.

Reger Bootsverkehr herrscht an solch schönen Tagen am Jupiter Inlet

Praktische Hinweise

Information

Palm Beach County Tourism Marketing, 1555 Palm Beach Lakes Boulevard, Suite 800, West Palm Beach, Tel. 800/554 72 56, www.palmbeachfl.com

Einkaufen

TOP TIPP **The Gardens Mall**, 3101 P G A Boulevard, Palm Beach Gardens, Tel. 561/775 77 50, www.thegardensmall.com. Mo–Sa 10–21, So 12–18 Uhr. Modernes, elegantes Einkaufszentrum mit tropischem Ambiente im Vorort Palm Beach Gardens. Auf mehreren Etagen bietet es über 150 Boutiquen und Spezialitätengeschäfte.

Bootstouren

Palm Beach Water Taxi, Sailfish Marina, 98 Lake Drive, Singer Island, Tel. 561/683 82 94, www.sailfishmarina.com. Viermal tgl. von 10–16 Uhr 90 min. Rundfahrten über den Lake Worth.

Hotels

*******The Breakers**, 1 South County Road, Palm Beach, Tel. 888/273 25 37, www.thebreakers.com. Grandhotel von 1926 im Stil der italienischen Renaissance. Direkt am Strand mit Golfplatz im Garten.

TOP TIPP *****Grandview Gardens Bed & Breakfast**, 1608 Lake Avenue, West Palm Beach, Tel 561/833 90 23, www.grandview-gardens.com. Edle Frühstückspension von 1925 im mediterranen Stil im Viertel Grandview Heights. Mit schönem Pool im Innenhof, sehr gutem Frühstück und Leihrädern für Touren in die Umgebung.

Restaurant

Testa's Restaurant, 221 Royal Poinciana Way, Palm Beach, Tel. 561/832 09 92, www.testasrestaurants.com. Seit 1921 beliebtes Restaurant mit Straßencafé. Auf der Karte stehen Fisch, Fleisch und Pasta.

12 Jupiter

Ein Park, um die Seele baumeln zu lassen, und ein Leuchtturm mit Geheimnis.

Hauptanziehungspunkt des kleinen Ortes ist das dunkelrote **Jupiter Inlet Lighthouse & Museum** (500 Captain Armour's Way, Tel. 561/747 83 80, www.jupiterlighthouse.org, Jan.–April tgl. 10–17, Mai–Dez. Di–So 10–17 Uhr) am *Jupiter Inlet* nördlich des Zentrums. Seit 1860 leitet der Leuchtturm mit seinen etwa 30 km weit reichenden Lichtzeichen Schiffe entlang der riffreichen Küste. Von der *Aussichtsetage* auf 32 m Höhe erscheint der Golfstrom als dunkler Fluss im Meer vor der Küste. Die Ausstellung des zugehörigen Museums zeigt Exponate zur hiesigen Geschichte. Dank seiner einsamen, aber verkehrsgünstigen Lage an einem Meeresarm diente Jupiter während der Prohibition in den 1920er-Jahren als Hafen für den florierenden Alkoholschmuggel von den Bahamas.

Ausflug

Eine märchenhaft friedliche Stimmung breitet sich 10 km nördlich von Jupiter zur Sonnenuntergangszeit an dem gezeiten-beeinflussten *Loxahatchee River* aus, wenn der Fluss orangefarben glüht, Seekühe zum Luftschnappen auftauchen, Angler ihre Leinen auswerfen und die letzten Paddler von ihrer Tour zurückkommen. Den mit Kiefern- und Sägepalmettowald bestandenen **Jonathan Dickinson State Park** (16450 SE Federal Highway 1, Tel. 772/546 27 71, www.floridastateparks.org/jonathandickinson, tgl. 8 Uhr bis Sonnenuntergang) an seinen Ufern kennzeichnet ein großer Vogel- und Fischreichtum. Eine weitere Attraktion des Parks sind die zweistündigen *Bootsausflüge* mit der **Loxahatchee Queen** (tgl. 9–15 Uhr). In geruhsamem Tempo geht es zur *Trapper Nelson Site,* wo dieser ›Wildman of the Loxahatchee‹ 1936–68 lebte und einen Wildpark aufbaute. Noch eindrucksvoller ist die gleiche Tour per *Kanu* (Kanuverleih am Ende der Parkstraße). Der gemächliche Fluss lässt sich problemlos befahren, Abstecher in die Buchten oder unterwegs einmündende Bäche sind ein Erlebnis. Kurze *Wanderpfade* ziehen sich durch den Kiefernwald längs des Flusses.

i Praktische Hinweise

Unterkunft

Jonathan Dickinson State Park, 16450 SE Federal Highway 1, Tel. 772/546 27 71, www.floridastateparks.org/jonathandickinson. Übernachten in Blockhütten und auf dem Campingplatz (Tel. 800/326 35 21, www.reserveamerica.com)

13 Hutchinson Island

Von Zitrusfrüchten und Manatis, von Ranches und Stränden.

›Treasure Coast‹ – ›Schatzküste‹ nennt sich die Region der beiden schmalen, lang gestreckten Nehrungsinseln Hutchinson Island und North Hutchinson Island – wohl wegen der mit Gold und anderen Kostbarkeiten beladenen spanischen Galeonen, die hier in früheren Jahrhunderten den Stürmen und Riffen zum Opfer fielen. Gelegentlich finden Taucher noch immer etwas Wertvolles zwischen den Riffen, die sich an vielen *Schiffswracks* gebildet haben. Auch ohne Tauchausrüstung versprechen die Strände Spaß bei zahlreichen *Wassersportaktivitäten.*

Von der Kleinstadt **Stuart** mit ihrem liebevoll gepflegten Zentrum im Stil des frühen 20. Jh. geht es über den *Indian Ri-*

ver, der entlang der Schatzküste das Festland von den Inseln trennt, nach **Hutchinson Island**. Der warme Sand der Inseln ist die größte Brutstätte für Meeresschildkröten. Jedes Jahr im Juni und Juli legen dort mehrere tausend Tiere ihre Eier ab. Rund acht Wochen danach schlüpfen die Jungen aus, um bedroht von hungrigen Möwen und anderen Gefahren unverzüglich ins Meer zu krabbeln. Im Rahmen von Führungen können die Schildkröten u.a. im *Sebastian Inlet State Park* (9700 South A1A, Melbourne Beach, Tel. 321/984 48 52, www.floridastateparks.org/sebastianinlet, Juni/Juli Nachtführungen mit Voranmeldung) beobachtet werden.

Auch im südlicher gelegenen **Hobe Sound National Wildlife Refuge** (13640 Highway 1, Tel. 772/546 61 41, www.fws.gov/hobesound; Nature Center Tel. 772/546 20 67, www.hobesoundnaturecenter.com) finden die Schildkröten ein hervorragendes Eiablagegebiet vor. Vom Erfolg kann man sich Ende Mai bis Mitte Juli bei Nachtwanderungen selbst überzeugen (nur mit Reservierung). Die Zufahrt zum Naturschutzgebiet auf **Jupiter Island** erfolgt 25 km südlich von Stuart über die Bridge Road. Dort bietet der nach Norden hin einsame Sandstrand schöne Bade- und Wanderziele.

Kurz vor dem Südende von Hutchinson Island präsentiert das regionalgeschichtliche **Elliott Museum** (825 Northeast Ocean Boulevard, Tel. 772/225 19 61, www.elliottmuseumfl.org, tgl. 10–17 Uhr) Gebrauchsgegenstände aus der hiesigen Gründerzeit, eine Oldtimer-Sammlung sowie eine Baseball-Ausstellung. Seit der Wiedereröffnung 2013 nach Modernisierung und Erweiterung gibt es auch spannende Wechselausstellungen zu sehen.

Weiter südlich existiert mit dem **House of Refuge Museum at Gilbert's Bar** (301 Southeast MacArthur Boulevard, Tel. 772/225 18 75, www.houseofrefugefl.org, Mo–Sa 10–16, So 13–16 Uhr) die letzte verbliebene der ursprünglich zehn an Floridas Ostküste erbauten Rettungsstationen. Wo heute maritim-historische Ausstellungen zu sehen sind, fanden ab 1875 Seeleute leckgeschlagener Schiffe Zuflucht.

Manatis – sanfte Seekühe

Akut in ihrer Existenz gefährdet sind die in der Karibik und Florida beheimateten Westindischen Manatis (›Trichechus manatus‹, engl. ›Manatees‹) mit einem Bestand von nur ca. 5000 Tieren in Florida. Die **Rundschwanz-Seekühe** bevorzugen Rückzugsräume mit über 20 °C warmem Wasser und genügend Seegras, von dem sich die ›Vegetarier‹ vorwiegend ernähren. Im Winter schwimmen die friedfertigen Säugetiere oft in den Bereich warmer Quellen wie Homosassa Springs oder Blue Spring. Ebenso gern halten sie sich in erwärmten Wasserläufen in der Nachbarschaft von Kraftwerken auf, wie im **Lee County Manatee Park** [s. S. 64] bei Fort Myers oder beim **Manatee Observation Center** [s. S. 53] bei Fort Pierce. Vom Ufer, von Brücken oder Piers aus lassen sich mit etwas Glück die zum Luftholen auftauchenden, dicken Schnauzen erspähen. Der Rest des bis zu 4 m langen und bis zu 500 kg schweren torpedoförmigen Körpers bleibt unter Wasser.

In **No Wake Zones** in bevorzugten Manati-Regionen reduziert man heute die Bootsgeschwindigkeit auf Schrittgeschwindigkeit. Dennoch werden viele der gemächlichen Seekühe, deren graubraune Farbe sie im nährstoffreichen, trüben Brackwasser gut tarnt, bei Bootsunfällen verletzt oder getötet. Einmal in Gefangenschaft, verlieren die empfindlichen Tiere jedoch ihre Fähigkeit, in freier Natur zu überleben, sodass auch die Aufzucht in Zoos den Manati-Bestand nicht sichern kann (www.myfwc.com/manatee).

Nur im Zoo darf man den gemütlichen Manatis so nahe kommen

Die Küste der schmalen Nehrungsinseln eignet sich hervorragend zum Schorcheln

Aufgrund seiner geschützten Lage besonders bei Familien sehr beliebt ist der **Bathtub Reef Beach** am Südende von Hutchinson Island. Das türkisblau leuchtende, klare Wasser der von einem Riff umschlossenen, flachen und warmen Bucht eignet sich gut zum Planschen, Schwimmen und Schnorcheln.

Am Nordufer des Fort Pierce Inlet, das North Hutchinson von Hutchinson Island trennt, erstreckt sich der **Fort Pierce Inlet State Park** (905 Shorewinds Drive, Fort Pierce, Tel. 772/468 39 85, www.floridastateparks.org/fortpierceinlet, tgl. 8 Uhr bis Sonnenuntergang), ein besonders an Wochenenden von Sonnenanbetern, Surfern und Schwimmern besuchter *Strandpark* mit Dünen, Küstenwald und Mangroven. Taucher können hier ohne Boot vom Strand ins Wasser steigen. Ein separater Parkteil ist das auf einer Halbinsel im Indian River gelegene, mangrovenbedeckte Vogel- und Naturschutzgebiet *Jack Island Preserve*. Die einsame Insel umrundet ein 7 km langer Wanderweg.

Auf dem Festland befindet sich am Kraftwerk in Fort Pierce das **Manatee Observation and Education Center** (480 North Indian River Drive, Tel. 772/429 62 66, www.manateecenter.com, Juli–Sept. Do–Sa 10–17, Okt.–Juni Di–Sa 10–17, So 12–16 Uhr). Das Kühlwasser des Kraftwerks erwärmt den Moore's Creek an dieser Stelle um 4 °C, sodass sich hier insbesondere im Winter rund 30 Manatis versammeln. Ab und zu sieht man, wie sie ihre Nasen aus dem Wasser recken, um Luft zu holen. Das Center informiert über die Lebensbedingungen und -gewohnheiten der Seekühe.

Bekannt für ihre ausgedehnten *Zitrusplantagen* ist nördlich von Fort Pierce die Region Indian River. Bei **Hale Groves** (River Market, 9250 US Hwy 1, Wabasso, Tel. 800/562 45 02, www.halegroves.com) kann man je nach Erntesaison Grapefruits, Orangen, Kreuzungen verschiedener Zitrusfrüchte und die aus den Früchten gewonnenen Säfte probieren und kaufen.

i Praktische Hinweise

Information

St. Lucie County Tourist Information Center, 2000 Virginia Avenue, Fort Pierce, Tel. 800/344 84 43, www.visitstluciefla.com

Stuart/Martin County Chamber of Commerce, 1650 South Kanner Highway, Stuart, Tel. 772/287 10 88, www.stuartmartinchamber.org

Einkaufen

Vero Beach Outlets, 1824 94th Drive (an der I-95, Ausfahrt 147), Vero Beach, Tel. 772/770 60 97, www.verobeachoutlets.com, Mo–Sa 9–20, So 11–18 Uhr. Direktverkauf in über 60 Geschäften, v.a. Mode.

Unterkunft

Pirate's Cove Resort and Marina, 4307 Southeast Bayview Street, Stuart, Tel. 772/287 25 00, www.piratescoveresort.com. Großes Marina-Resort an der Manatee Pocket südlich von Stuart, mit Restaurant und Pool. Touren zum Tiefseefischen starten von der Marina, Angelrute und Köder werden gestellt.

Südliche Golfküste – von den Mangroveninseln zu den schönsten Muschelstränden

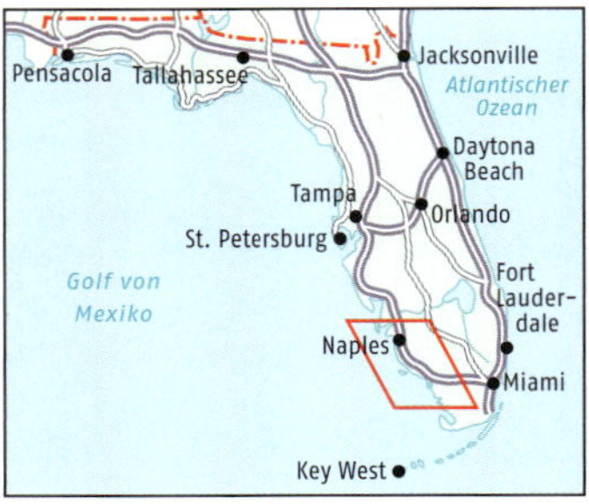

Mit dem **Everglades National Park** beginnt direkt am Stadtrand Miamis die größte subtropische Wildnis der USA. Weit über die willkürlich festgelegten Grenzen des Parks hinaus reicht das Ökosystem Everglades bis in angrenzende Parks. Durch die uralten Zypressenbestände des **Big Cypress Swamp**, die ein Bild des ursprünglichen Florida vermitteln, führen erhöhte Sumpfstege. Das am Rande der Ten Thousand Islands gelegene **Everglades City** eignet sich wunderbar als Ausgangspunkt für Bootsfahrten. Weiße Palmenstrände sind das Wahrzeichen von **Naples**. Die vielleicht schönsten Muschelstrände der Welt erstrecken sich auf **Sanibel** und **Captiva Island**.

14 Everglades National Park

Der Fluss aus Gras: wichtig für Floridas Wasserversorgung, unentbehrlich für die Natur.

Unmittelbar dort, wo das Häusermeer Miamis [s. S. 18] aufhört, beginnen die Everglades. Bis zur Küste des Golfs von Mexiko nimmt der Nationalpark die gesamte Südspitze Floridas einschließlich der von Mangroveninseln gesprenkelten Florida Bay ein. Nicht zuletzt dank seiner **wilden Ursprünglichkeit** bleibt der größte Teil des Everglades National Park den Tieren vorbehalten. Der Park bietet Vogel- und anderen Tierarten der Subtropen, Tropen und der gemäßigten Zonen einen gemeinsamen Lebensraum: Er liegt auf einer *Zugvogelroute* von Süd- nach Nordamerika, der im Süßwasser

heimische *Mississippialligator* ist hier Nachbar des seltenen salzwasserliebenden *Amerikanischen Krokodils* und die wenigen *Florida Panther* (Florida Puma) streifen scheu durch die Graslandschaft.

1947 wurde Floridas berühmtester Nationalpark gegründet. Nur eine Straße führt bis heute tiefer in das Schutzgebiet hinein, zum ehemaligen Fischerhafen Flamingo. Ansonsten berühren Asphaltbänder wie in Everglades City [s. S. 57] im Westen und entlang des Tamiami Trail an der nördlichen Parkgrenze nur die Randbereiche.

›Fluss aus Gras‹ nannte die engagierte Naturschützerin *Marjory Stoneman Douglas* (1890–1998), die sich einen Großteil ihres Lebens mit Erfolg für die Everglades einsetzte, die Landschaft. Die friedliche Kulisse der Everglades ist beinah tischeben und an der höchsten Stelle nicht einmal 2,50 m hoch. Und doch fließt das Wasser, denn die Everglades sind kein Sumpf, sondern ein grasbestandener Fluss, 80 km breit und nur 30–90 cm tief. Sein Wasser stammt aus dem *Lake Okeechobee*, der mit 56 km Länge, 48 km Breite und einer Wasserfläche von 1890 km² Floridas größter See ist. Von hier fließt der *Shark River Slough* mit einer Geschwindigkeit von weniger als 100 m am Tag in die Everglades.

Wasser ist ohne Zweifel das Lebenselixier der Region. Wie kein anderes Ökosystem unterliegen die Everglades dem jahrtausendealten Zyklus von Feuchtigkeit und Trockenheit. Herrscht sommerlicher Überschuss, verteilt sich das Wild weiter im nahrungsreichen Umland. Im trockeneren Winter versammelt sich das Leben in Wassernähe, und so bestehen weit größere Chancen, dort Alligatoren und andere Tiere zu beobachten. Neben dem ›Fluss aus Gras‹ existiert der **Mangrovenwald** als zweites großes Ökosystem der Everglades. Die zähen Mangroven profitieren von der nährstoffreichen Mischung aus Süß- und Salzwasser an den Küsten. Mit ihren stelzwurzelig verflochtenen Gruppen, kleinen Inseln und verschlungenen Wasserwegen bilden die immergrünen Bäume den allmählichen Übergang des Festlandes zum Meer.

Die 61 km lange Parkstraße bis Flamingo bietet in ihrem Verlauf Zugang zu *Wanderwegen* und *Holzstegen* durch völlig unterschiedliche ökologische Zonen. Von Mai bis November ist ein gutes Mückenspray absolut unentbehrlich.

Bei *Royal Palm* in der Nähe des *Ernest* TOP TIPP *Coe Visitor Center* [s. S. 57] beginnt der **Anhinga Trail**, ein teils asphaltierter, teils über breite Holzstege verlaufender Pfad von 1,2 km Länge. Besonders in den Wintermonaten bieten sich hervorragende Tierbeobachtungsmöglichkeiten (Alligatoren!) am *Taylor Slough*, dem nach dem Shark River

Der Everglades National Park – Wasser und Graslandschaften so weit das Auge reicht

Anhinga Trail: Holzstege führen über die Alligatorenteiche des Everglades National Park

bedeutendsten Wasserstrom der Everglades. *Anhingas* (Schlangenhalsvögel) sitzen auf dürren Ästen und lassen mit ausgebreiteten Flügeln ihr nasses Gefieder, dem eine wasserabweisende Fettbeschichtung fehlt, von der Sonne trocknen. *Schildkröten* und *Schlangen* bewegen sich lautlos durch die Ufervegetation.

Ebenfalls 1 km ab Royal Palm, aber in die entgegengesetzte Richtung, führt der **Gumbo Limbo Trail** durch die Laubwaldgemeinschaft einer nur minimal erhöhten *Bauminsel* (›Hammock‹). Der wegen seiner rötlichen, abschälenden dünnen Borke auch ›Tourist Tree‹ genannte Gumbo Limbo (Weißgummibaum) ist ein tropisches Balsambaumgewächs.

Gelegenheit zum Beinevertreten bietet auch der 1 km lange **Pineland Trail** durch den ein wenig höher gelegenen und damit trockenen subtropischen Kiefernwald der Everglades. Hier tritt der

Sensibles Gleichgewicht

Eine Fahrt durch die Everglades führt durch die Wildnis, flache **Graslandschaften** erstrecken sich bis zum Horizont, allein unterbrochen von den dunklen Silhouetten einzelner, nur minimal höher und trockener gelegener **Bauminseln**. Um das komplexe Leben dieses einzigartigen **Ökosystems** zu begreifen, muss man aus dem Auto aussteigen, hineinschauen in das Gras und die **Mangrovendickichte**, wandern oder kanufahren.

Doch diese ursprüngliche Landschaft ist in Gefahr. Holzbarone holzten viele Wälder ab, für Zuckerrohrplantagen wurden gewaltige Flächen trockengelegt. Auch der enorme Wasserbedarf der Metropole Miami wird aus den Reservoirs der Everglades gestillt.

Besonders verheerend wirkte sich der Bau des 230 km langen **Hoover Dikes** aus. Dieser Damm umgibt seit den 1930er-Jahren den Lake Okeechobee, nur über Kanäle fließt sein Wasser seither in die verbliebenen Everglades. Zwar schützt er die umliegenden Städte vor Überschwemmungen, doch zerstörte er den für die Everglades so wichtigen natürlichen Wasserkreislauf. Deshalb plante Floridas Regierung seit Mitte der Nullerjahre den **Ankauf** großer Plantagen des Zuckerherstellers US Sugar Corporation, die zwischen dem See und dem Everglades Nationalpark liegen. Diese Ländereien sollten renaturiert und als natürliches **Rückhaltebecken** bei Stürmen genutzt werden. Auch die Kanäle wollte man zurückbauen und das Wasser wieder frei fließen lassen. Im Jahre 2010 schließlich verkaufte *US Sugar* rund 108 km² zur Everglades-Restaurierung.

Kalkstein unter dem Bewuchs zutage. Einen Zypressenwald quert der 500 m lange Holzsteg zum Aussichtsturm am *Pahayokee Overlook* am Rande der weiten Graslandschaft des Shark River Slough.

Auf halber Distanz Richtung Flamingo beginnt der **Mahogany Hammock Trail**, der als Holzsteg knapp 1 km durch eine Region mit Mahagonibäumen, Würgefeigen und anderen tropischen Pflanzen führt. Rund 50 km hinter dem Parkeingang schlängelt sich der **West Lake Trail** durch Mangrovendickicht zum gleichnamigen See. Trotz der vielen Mücken ist der 1 km lange Holzsteg einer der schönsten Wanderwege im gesamten Park.

Am Straßenende in **Flamingo** befindet sich am Hafen das *Flamingo Visitor Center* (rund 60 km südlich des Parkeingangs, Tel. 239/695 29 45, Mitte Nov.–Mitte April tgl. 8–16.30 Uhr). Dort kann man Kanus und Kajaks ausleihen und von Rangern begleitete, zweistündige Schiffsausflüge machen. Einzige Unterkunftsmöglichkeit ist ein Campingplatz.

An den am nördlichen Rand des Parks verlaufenden **Tamiami Trail** (Highway 41) grenzt das vom Shark River Slough dominierte *Shark Valley*. Am *Shark Valley Visitor Center* (36000 Southwest 8th Street, Tel. 305/221 87 76) beginnen *Tram-Busfahrten* (www.sharkvalleytramtours.com, tgl. 9–16.30 Uhr) durch den nördlichen Teil des Parks. Am Scheitelpunkt der 12 km langen Strecke erlaubt ein Aussichtsturm Ausblicke auf die Gras- und Wasserwildnis ringsum. Eindrucksvoll posieren die *Alligatoren* in den trockeneren Wintermonaten fotogen am Wegesrand. Ein Fahrradverleih am Shark Valley Visitor Center ermöglicht das Abfahren der Route auf eigene Faust.

i Praktische Hinweise

Information

Ernest Coe Visitor Center, 40001 State Road 9336, Homestead, Tel. 305/242 77 00, www.nps.gov/ever, tgl. 9–17 Uhr.

Bootstouren

Flamingo Marina, Flamingo, Tel. 239/695 31 01, www.evergladesnationalparkboattoursflamingo.com. Bootstouren, Kanu- und Kajakverleih.

Camping

Flamingo Campground, Flamingo, Tel. 877/444 67 77, www.reserveamerica.com

15 Everglades City

Verträumtes Dorf am Rand der 10 000 Inseln.

Nur rund 300 Einwohner zählt der kleine Ort Everglades City an der Chokoloskee Bay am Nordwestrand des Everglades National Park. In der Ortsmitte steht die etwas überdimensionierte **City Hall** (Collier County Courthouse, 207 Broadway).

In den Everglades sind Rosalöffler (oben), Alligator (Mitte) und Flamingo (unten) zu Hause

Reif für die Insel – fast jedem sein Eiland im Garten Eden der Ten Thousand Islands

Sie wurde 1928 als Gerichtsgebäude erbaut und kündet von der seinerzeit nicht realisierten Idee, in den westlichen Everglades eine Stadt zu errichten.

Vom *Gulf Coast Visitor Center* (815 Oyster Bar Lane, Tel. 239/695 33 11, tgl. 9–16.30 Uhr) an der SR 29 legen Ausflugsboote zu Touren durch die **Ten Thousand Islands** des Nationalparks ab. Auf der Fahrt durch die ausgedehnte Mangrovenwildnis der ›10 000 Inseln‹ sind mit etwas Glück Delfine, Seekühe, Weißkopfseeadler und diverse Seevogelarten zu beobachten. Everglades City ist auch Startpunkt von *Airboat Rides*, die nur außerhalb der Nationalparkgrenzen fahren dürfen.

Ausflüge

Das 5 km südlich von Everglades City auf einer Insel gelegene, heute ganz vom Nationalpark umgebene Örtchen **Chokoloskee** wurde um 1870 als Farmer- und Fischerort gegründet. Die früheren Anwohner der Chokoloskee Bay, der Stamm der *Calusa,* haben der Nachwelt lediglich einige mit Muschelschalen aufgeschüttete Inseln wie Chokoloskee hinterlassen. Nostalgische Gefühle weckt im Dorf die verwitterte Fassade des **Historic Smallwood Store & Museum** (360 Mamie Street, Tel. 239/695 29 89, www.smallwoodstore.com, Dez.–April tgl. 10–17, sonst 11–17 Uhr). Der 1906 von Ted Smallwood eröffnete Kolonialwarenladen wurde als *Museum* und Andenkenladen wiederbelebt. Sein überquellendes Sortiment reflektiert den Geschmack und das Angebot an einem zivilisatorischen Außenposten im Florida des frühen 20. Jh.

Die City Hall in Everglades City war ursprünglich für eine viel größere Stadt geplant

30 km nordwestlich von Everglades City (Highway 41) lohnt sich ein Abstecher in den großartigen **Collier-Seminole State Park** (20200 East Tamiami Trail, Tel. 239/394 33 97, www.floridastateparks.org/collierseminole, tgl. 8 Uhr bis Sonnenuntergang). Die artenreiche Landschaft am Übergang von Everglades [s. S. 54] und Big Cypress Swamp [s. S. 60] umfasst Mangroven- und Zypressensümpfe ebenso wie Hartholzwälder, Bestände seltener Königspalmen sowie Salz- und Frischwassermarschen. Ein *Kanuverleih* am Visitor Center ermöglicht Paddeltouren auf dem *Blackwater River*. Der im Park ausgestellte *Original-Schaufelbagger* grub in den 1920er-Jahren die für den Neubau des Tamiami Trail (Highway 41) benötigte Erde heraus.

Etwa 40 km nördlich von Everglades City liegt **Marco Island** (Info: 1102 North Collier Boulevard, Tel. 888/330 14 22, www.marcoislandchamber.org) vor der Küste. Die größte der Ten Thousend Islands [s. S. 58] ist ein beliebtes Urlaubsziel. Was 1964 noch ein kleines Fischerdorf war, gilt heute als eine der ersten Ferienadressen Floridas mit scheinbar endlos aneinandergereihten Hotelketten und Apartmentanlagen entlang der Westküste. Die Gassen in Marco Islands altem Ortskern an der Westspitze, gesäumt von kleinen Geschäften und Restaurants, sind ein Anziehungspunkt. Die Insel bestícht durch ihr gepflegtes gehobenes Ambiente, viele Straßen sind von Palmenreihen gesäumt.

i Praktische Hinweise

Information

Everglades Area Chamber of Commerce Welcome Center, 32016 Tamiami Trail East, am Straßenabzweig nach Everglades City, Tel. 239/695 39 41, www.evergladeschamber.org

Bootstouren

Everglades National Park Boat Tours, ab Gulf Coast Visitor Center, Tel. 239/695 25 91, www.evergladesnationalparkboattoursgulfcoast.com. Kanu- und Kajakverleih, tgl. 9–17 Uhr 90-minütige Fahrten in die Mangrovenwildnis der Ten Thousand Islands.

Hotel

******Olde Marco Island Inn & Suites**, 100 Palm Street, Marco Island, Tel. 877/475 34 66, www.oldemarcoinn.com. Das Hotel mit ausgezeichnetem Restaurant residiert in einem 1883 errichteten Gebäude auf Marco Island.

Klein, aber fein – das Postamt in Ochopee ist das kleinste der USA

16 Big Cypress National Preserve

Von mächtigen Zypressen und winzigen Postämtern.

Mit seiner landschaftlichen und ökologischen Vielfalt gehört das Big Cypress National Preserve zu den abwechslungsreichsten Bereichen der Everglades-Region. Es beherbergt ein komplexes *ökologisches Geflecht* aus Kiefernwald, Hartholz-Bauminseln, Marschen, Mangroven, Grasland und großen, jahrhundertealten *Sumpfzypressen*. Ein Drittel des Naturschutzgebietes ist von dieser nur 1,20 m hohen, kleinwüchsigen Zypressenvariante bestanden. In Big Cypress darf, anders als im vollständig geschützten Everglades National Park [s. S. 54], eine eingeschränkte Nutzung der Ressourcen erfolgen, so die Jagd, die Ölförderung und auch Airboatfahrten.

Quer durch den Park führt von Miami bis nach Naples der Highway 41 bzw. Tamiami Trail. Von ihm aus starten kurze Wanderwege oder sogenannte Scenic Drives, die mit dem Auto befahrbar sind. Ein erster Stopp lohnt sich am kleinen Oasis Visitor Center [s. u.], von dessen *Wildlife Viewing Platform* über einem Kanal man beste Gelegenheit hat, Alligatoren aus nächster Nähe zu beobachten. Ein Stück weiter westlich führt der *Kirby Storter Trail* auf einem Holzplankenweg tief in die geheimnisvollen Sumpfzypressenwälder hinein. Safari-Gefühl entsteht kurz vor Ochopee auf dem 17 Meilen langen *Turner River Road Loop*, einer Schotterstraße unmittelbar neben einem

Geheimnisvoll wirken die jahrhundertealten Sumpfzypressen im Big Cypress National Preserve

Flusslauf, an dem sich vor allem in den Wintermonaten Alligatoren, Schildkröten und verschiedenste Vögel tummeln.

Am Südwestrand des Parks am Tamiami Trail (Highway 41) steht in **Ochopee** das offiziell ›kleinste Postamt der USA‹. Das winzige, weißgetünchte Häuschen mit blauem Briefkasten, über dem an einem Fahnenmast das Sternenbanner im Wind flattert, war ursprünglich ein Werkzeugschuppen.

Ochopee und die wenigen anderen Ansiedlungen im Big Cypress Swamp gehen zumeist auf die Camps der Holzfäller und Bauarbeiter aus der Entstehungszeit des 1928 vollendeten **Tamiami Trail** zurück, der Straße von Tampa nach Miami. Nichts schien damals das Fortschrittsstreben bremsen zu können, gegen Ende der 1960er-Jahre gerieten die östlichen Everglades sogar in Gefahr, trockengelegt unter der Asphaltdecke eines Flughafens zu verschwinden. Für die Tierbeobachtung weisen die Entwässerungsgräben beiderseits des Tamiami Trail, in denen sich insbesondere im Winter häufig *Alligatoren* versammeln, einen eher positiven Effekt auf.

Ausflüge

Westlich von Miami leben heute Nachfahren derjenigen indigenen Bewohner, die sich nach dem Zweiten Seminolenkrieg (1835–42) in den Everglades verstecken konnten und nicht in den Westen der USA deportiert wurden, in der *Miccosukee Indian Reservation*. Als populärer Stopp am Tamiami Trail illustriert neben dem Shark Valley das **Miccosukee Indian Village** (MM 35, Tel. 305/552 83 65, www.miccosukee.com, tgl. 9–17 Uhr) wenig östlich der Parkgrenzen Stationen des indianischen Lebens in Südflorida einst und heute. Das in traditionellem Stil erbaute *Chickee-Hüttendorf* lockt mit Handwerksvorführungen, Alligatorenshows und Kunstgewerbeverkauf. Gleich gegenüber starten die *Miccosukee-Airboat-Fahrten* in die Graslandschaften an der Nordseite des Tamiami Trail, inklusive Stopp auf einer mit einigen Chickees bebauten Insel. Das Nationalparkgebiet südlich der Straße ist für Airboote gesperrt.

TOP TIPP Westlicher Nachbar des Big Cypress National Preserve ist der **Fakahatchee Strand Preserve State Park** (137 Coastline Drive, Copeland, Tel. 239/695 45 93, www.floridastateparks.org/fakahatcheestrand, tgl. Sonnenauf- bis -untergang). Zu Fuß betritt man Fakahatchee auf einem 600 m langen *Holzsteg* am Big Cypress Bend (Highway 41, 20 km westlich von Ochopee) – eine ungemein eindrucksvolle *Wanderung* inmitten über 30 m hoher, bis zu 600 Jahre alter, dicht mit Spanischem Moos behangener Sumpfzypressen. Aus dem dunklen Wasser ragen die zur Sauerstoffversorgung und Stabilität der Bäume notwendigen abgerundeten Atemwurzeln hervor. Den nährstoff-

Mangroven

Während der boomenden Entwicklung Floridas wurden die Mangroven-Küstenwälder als wertloses Buschwerk abgeholzt. Erst spät erkannte man die unentbehrliche Funktion der tropischen Pflanze im empfindlichen **Ökosystem** am Südzipfel des Staates: Diese Gezeitenwälder schützen die Küste vor den erodierenden Auswirkungen der Stürme und Überschwemmungen, zudem lagert sich zwischen ihren **Stelzwurzeln** Schlick und angeschwemmtes Füllmaterial an, die Basis neuen Landes. In dem flachen Brackwasser zwischen den Wurzeln liegen die Kinderstuben vieler Fisch- und Krebsarten. Die abfallenden Blätter der Mangroven dienen als Nahrung für die Mikroorganismen, die ihrerseits Leckerbissen für Jungfische, Krebse und andere Tiere sind, welche wiederum von den Vögeln als attraktives Futter geschätzt werden.

Nur wenige Baumarten haben sich auf die Lebensbedingungen in den Everglades spezialisiert. Dem Ufer am nächsten wächst die **rote Mangrove** (Rhizophora mangle), eine der drei immergrünen, salzwassertoleranten Mangrovenarten, die in der Lage sind, Frischwasser aus dem Meer zu extrahieren. Die zahlreichen rötlichen Stelzwurzeln, ihr Markenzeichen, senken sich vom Stamm aus in den schwabbeligen, schlammigen Boden. Um die Stämme der weiter im Inland gedeihenden **schwarzen Mangrove** (Avicennia germinans) recken sich viele zigarrenähnliche ›Pneumatophoren‹ in die Höhe, die als Atemwurzeln für den Baum dienen. Auf dem trockeneren, leicht höher gelegenen Land wachsen die an ovalen Blättern und den fehlenden Stelzwurzeln erkennbaren **weißen Mangroven** (Laguncularia racemosa).

reichen Boden haben die feuchtigkeitsliebenden Zypressen mit einem ›Strand‹ besetzt, einem lang gezogenen Wald von insgesamt 30 km Länge und 5–8 km Breite, den ein langsam in nordsüdlicher Richtung fließender Wasserlauf ohne erkennbare Uferlinien durchquert. In der trockeneren, weniger schwülen Jahreszeit zwischen Dezember und März werfen die Bäume ihre Nadeln ab und sehen kahl aus.

i Praktische Hinweise

Information

Big Cypress National Preserve, Oasis Visitor Center, 52105 Tamiami Trail (Highway 41), Ochopee, Tel. 239/695 12 01, www.nps.gov/bicy, tgl. 9–16.30 Uhr

17 Naples

Floridas Westküste: Ferien vom Feinsten.

Von einem kleinen Fischerhafen ist Naples zu einem hochrangigen Ferienort an der südlichen Golfküste gewachsen. Mit seinen palmenbestandenen Straßen, den feinen Restaurants, schicken Boutiquen, interessanten Kunstgalerien und nicht zuletzt den langen, von Hotelhochhäusern flankierten Stränden macht es dem Ostküsten-Prominentenparadies Palm Beach [s. S. 48] Konkurrenz.

Naples' Wahrzeichen ist die 300 m lange, denkmalgeschützte **Fishing Pier** (12th Avenue South). Der 1888 erbaute Landungssteg ist ein Relikt aus alten Tagen, als das 80-Seelen-Dörfchen nur vom Meer aus zu erreichen war. Mittlerweile ist er besonders bei *Anglern* und Beobachtern des Sonnenuntergangs begehrt. Schwärme von *Pelikanen* picken kreischend und flatternd nach Beute und segeln dann majestätisch davon.

Folgt man von der Pier aus der 12th Avenue South drei Blocks stadteinwärts, so erreicht man die Einkaufsstraße **Third Street South** (Tel. 239/434 65 33, www.

Sehen und gesehen werden gilt auf Naples nobler 5th Avenue South

Wahres Strandvergnügen – Entspannung mit Blick auf Naples Fishing Pier

thirdstreetsouth.com). Hier lässt es sich wunderbar flanieren oder in noblen Straßencafés und Restaurants das Publikum beobachten. Gleiches gilt für Naples bedeutendste Shoppingmeile, die **5th Avenue South** (www.fifthavenuesouth.com) 2 km weiter nördlich. Weiter östlich gelangt man zur Naples Bay, wo zahlreiche Jachten vor Anker liegen. Dort laden in den *Tin City Waterfront Shops* (1200 5th Avenue South, Tel. 239/262 42 00, www.tin-city.com) über 30 Geschäfte und Restaurants mit ihrem nostalgischen Flair zum Bummeln ein.

Das **Baker Museum** (5833 Pelican Bay Boulevard, Tel. 800/597 19 00, www.artisnaples.org/baker-museum, Di–Sa 10–16, So 12–16 Uhr, Aug. geschl.) am nördlichen Stadtrand ist in den Kulturkomplex *Artis-Naples* integriert. Unter einer Glaskuppel präsentieren auf drei Stockwerken verschiedene Galerien u. a. Gemälde, Skulpturen und Zeichnungen amerikanischer Künstler des 20. Jh.

Wunderbares Badevergnügen bietet der **Delnor-Wiggins Pass State Park** (11135 Gulfshore Dr., Tel. 239/597 61 96, www.floridastateparks.org/delnorwiggins, tgl. 8 Uhr bis Sonnenuntergang) mit zuckerweißem, ruhigem Sandstrand nördlich der Vanderbilt Beach. Noch etwas weiter nördlich verlockt der **Barefoot Beach Preserve County Park** (Barefoot Beach Road, Bonita Springs) mit seinem beinah unberührten Strand tatsächlich so richtig zum Barfußlaufen.

Ausflüge

Das von Menschenhand weitgehend unangetastete **Corkscrew Swamp Sanctuary** (375 Sanctuary Rd. West, 25 km nördöstlich der I-75, Ausfahrt 111 via CR 846, Tel. 239/348 91 51, www.corkscrew.audubon.org, tgl. 7–17.30 Uhr) ist nach den korkenzieherähnlichen Windungen des dortigen Sumpfflusses benannt. Neben Kiefernwald, Marsch und feuchtem Grasland existiert hier einer der großen, selten gewordenen Altbestände von *Sumpfzypressen* in Florida. Die fast 40 m hohen, bis zu 600 Jahre alten Baumveteranen gehören zu einem Ausläufer des weiter südöstlich gelegenen Big Cypress Swamp. Knapp 4 km *Holzstege* schlängeln sich durch die verschiedenen *Feuchtbiotope*, in denen sich eine Fülle an Farnen, wilden Orchideen und Bromelien ausbreitet. Graues Spanisches Moos hängt in langen Bärten von den Bäumen herab und die abgerundeten Pneumatophoren (Atemwurzeln) der Zypressen lugen aus dem Wasser.

i Praktische Hinweise

Information

Naples Visitor Information Center, 2390 Tamiami Trail North, Naples, Tel. 239/262 61 41, www.napleschamber.org

Hotel

******Vanderbilt Beach Resort**, 9225 Gulf Shore Drive North, Naples, Tel. 800/243 90 76, www.vanderbilt beachresort.com. Schöne Apartments direkt am weißen Vanderbilt Beach, mit Pool und Tennisplatz. Im Restaurant serviert man gute Fischspezialitäten.

Restaurant

M Waterfront Grille, 4300 Gulf Shore Boulevard North, Naples, Tel. 239/263 44 21, www.mwaterfrontgrille.com. Meeresfrüchte und Seafood in Perfektion im Venetian Village, mit schöner Terrasse an der Bucht und großer Bar.

18 Fort Myers

Die Erfindung der Glühbirne und andere Inspirationen.

Fort Myers' Markenzeichen sind lange Alleen von *Königspalmen* am Unterlauf des Caloosahatchee River. Bereits 1907 ließ der hier zeitweise ansässige Erfinder Thomas Alva Edison die stattlichen Bäume aus Kuba importieren und am attraktiven McGregor Boulevard anpflanzen – die Geburtsstunde der ›City of Palms‹.

Einen guten Eindruck vom Lebensstil wohlhabender Bürger am Ende des 19. Jh. gewinnt man bei einem Besuch der **Edison & Ford Winter Estates** (2350 McGregor Boulevard, Tel. 239/334 74 19, www.edisonfordwinterestates.org, tgl. 9–17.30 Uhr) am Caloosahatchee River. Der einfallsreiche Elektrotechniker *Thomas Alva Edison* (1847–1931) hatte sich hier 1886 als Winterwohnsitz die *Seminole Lodge* bauen lassen. Damit war der geniale Erfinder von Glühbirne, Grammophon und Filmkamera einer der ersten bekannten ›Snowbirds‹, wie die Winterflüchtlinge aus dem Norden in Florida genannt werden. Edisons Domizil dient heute als *Museum* und zeigt Hunderte seiner Erfindungen sowie ein *Chemielabor* mit technischen Gerätschaften aus dem Fundus des Forschers. Den riesigen *Banyanbaum* im Garten schenkte ihm übrigens 1925 der Reifenfabrikant Harvey Firestone. 1915 folgte der Industrielle *Henry Ford* (1863–1947) dem Beispiel seines Freundes Edison und erwarb im Jahre 1916 das Nachbargrundstück samt dem Anwesen *Mangoes*. Originalgetreu möbliert, lohnt auch Fords Winterresidenz einen Besuch.

Angelockt vom warmen Kühlwasser des lokalen Heizkraftwerks, das direkt in den Orange River fließt, verbringen die Manatis kühle Wintertage gerne im **Lee County Manatee Park** (10901 State Road 80, Tel. 239/690 50 30, www.leeparks.org, tgl. Sonnenauf- bis Sonnenuntergang). Der Park ist mit einem *Informationszentrum* sowie mit mehreren Beobachtungspunkten ausgestattet und bietet die Chance (am besten von November bis März), die seltenen Seekühe in Freiheit zu beobachten und Interessantes über ihr Unterwasserleben zu erfahren.

Gelungene Abendunterhaltung erlebt man im **Broadway Palm Dinner Theatre** (1380 Colonial Boulevard, Tel. 239/278 44 22, www.broadwaypalm.com, Dinner 17.30 Uhr, Show 19.30 Uhr, auch Matineen mit Lunch um 11.45, Show um 13.15 Uhr). Nach einem üppigen Buffet amüsieren bunte Broadwayshows.

Ausflug

Gut 35 km nördlich von Fort Myers liegt die **Babcock Ranch**, von der aus *Babcock*

An heute unentbehrliche Ideen erinnert das Labor des Tüftlers Thomas Alva Edison

Entspanntes Flanieren im lebhaften Zentrum von Fort Myers Beach

Wilderness Adventures (8000 SR 31, Punta Gorda, Tel. 800/500 55 83, www.babcock wilderness.com) Touren anbietet. Bei der anderthalbstündigen Eco-Tour mit einem *Swamp Buggy* über das 360 km² große Areal des Viehzuchtbetriebs sieht man Herdentiere ebenso wie Bisons, verwilderte Hausschweine oder Kraniche, im Sumpf kann man *Alligatoren* beim Sonnen beobachten.

Praktische Hinweise

Information

Lee County Visitor & Convention Bureau, 2201 Second Street, Suite 600, Fort Myers, Tel. 800/237 64 44, www.fortmyers-sanibel.com

Einkaufen

Miromar Outlets, 10801 Corkscrew Road, Estero, Tel. 239/948 37 66, www.miromar outlets.com, Mo–Sa 10–21, So 11–18 Uhr. Tropisch gestylte, weitläufige Outlet-Mall mit über 140 namhaften Geschäften.

Hotel

*****__Sanibel Harbour Marriott Resort & Spa__, 17260 Harbour Pointe Drive, Fort Myers, Tel. 800/767 77 77, www.marriott.de. Parkumgebenes Luxushotel in drei Gebäudekomplexen, direkt an der Brücke nach Sanibel Island gelegen. Mit umfangreichem Wellnessangebot und mehreren guten Restaurants und Bars.

19 Fort Myers Beach

Das reinste Urlaubsvergnügen.

Fort Myers Beach liegt auf *Estero Island*, die durch die Estero Bay vom Festland getrennt ist. Ihre rund 11 km Sandstrände mit sanft abfallenden Uferlinien bedeuten ›Strandleben pur‹. An der Nordspitze der lang gestreckten Insel finden sich die meisten Vergnügungs- und Unterhaltungsangebote. Im strandnahen Zentrum um den **Times Square** trifft man sich abends zum Bummeln und zum Essen, hier konzentrieren sich in bunter Vielfalt Souvenirgeschäfte, Restaurants und Bars. Man kann Bungee-Jumpen und Parasailen, Jetskis, Wasserfahrräder und Wassersportzubehör ausleihen, und daneben wird ein breit gefächertes *Unterhaltungsprogramm* auf die Beine gestellt. Zum **Spring Break** im März und April strömen Tausende von feriengelaunten College-Studenten auf die Insel, um sich bei zahlreichen Veranstaltungen zu amüsieren und zu feiern.

Ausflug

Südlich von *Estero Island* folgt mit dem nur auf kurzen Fußwegen oder per Pendelbus von der Westseite der SR 865 zugänglichen **Lovers Key State Park** (8700 Estero Boulevard, Tel. 239/463 45 88, www.floridastateparks.org/loverskey, tgl. 8 Uhr bis Sonnenuntergang) ein landschaftliches Kleinod. Es umfasst vier Inseln an einem weitgehend unerschlossenen Küstenabschnitt mit Mangrovenbewuchs und paradiesischen 4 km langen Sandstränden auf Lovers Key, der westlichsten Insel. In dem viel besuchten Park kann man mit Kanu, Kajak oder Rad (Verleih am Eingang) schnell in die ruhigen Ecken der verschlungenen Inseln entschwinden.

i Praktische Hinweise

Information

Greater Fort Myers Beach Area Chamber of Commerce, 1661 Estero Boulevard, Fort Myers Beach, Tel. 239/454 75 00, www.fortmyersbeach.org

Bus

Beach Trolleys, Tel. 239/533 87 26, www.rideleetran.com, tgl. 6.10–21 Uhr. Die Busse fahren z. B. entlang des Estero Boulevard parallel zum Strand zwischen Bowditch Park (Nordspitze von Estero Island) und Lovers Key State Park.

Hotel

****__Edison Beach House__, 830 Estero Boulevard, Fort Myers Beach, Tel. 800/ 399 25 11, www.edisonbeachhouse.com. Kleines Hotel direkt am Strand, alle Suiten haben eine Küche und einen Balkon mit Meerblick.

20 Sanibel Island und Captiva Island

Grüne, subtropische Inseln mit weißen, sandigen Rändern.

Sanibel Island und Captiva Island, idyllische Ferieninseln mit ausgezeichneten kilometerlangen Stränden, sind mit dem Festland über eine 5 km lange Dammstraße verbunden. Gemächliches Strandleben vereint sich mit ruhigem, subtropischem Inselambiente, in das geschmackvoll Cafés und Restaurants, kleine Geschäfte, Boutiquen, Hotels und Ferienwohnungen eingebettet sind.

Sanibel Island

Palmen überragen hier fast alles, denn auf beiden Inseln dürfen Gebäude nicht höher als 13,70 m sein. Allein die Delfin-Wetterfahne auf der **City Hall** erreicht einige Zentimeter mehr, und der 1884 erbaute **Leuchtturm** am östlichen Inselende ist mit seinen 30 m Höhe Sanibels unübersehbares Wahrzeichen. Der wenig frequentierte *Lighthouse Beach* zu seinen Füßen verspricht pures Urlaubsvergnügen. Auf einem in Florida einzigartigen *Radwegenetz* lässt sich die völlig ebene, fast 20 km lange Insel zwischen Sanibel Causeway und Blind Pass hervorragend erkunden, man kann quer durch das *J. N. ›Ding‹ Darling National Wildlife Refuge* oder um die Seen des *Bailey Tract* radeln.

Sowohl Sanibel, die größere der beiden Inselschwestern, als auch Captiva besitzen prachtvolle muschelübersäte **Strände**, die Charles Lindberghs Ehefrau Anne Morrow zu den Lebensbetrachtungen in ihrem Buch ›Muscheln in meiner Hand‹ inspirierten. Da der schüsselförmige, warme Golf von Mexiko keine Riffe besitzt, werden die Schalen der Meerestiere hier zumeist wohlbehalten an den Strand geschwemmt. Zu den ›ertragreichsten‹ Muschelstränden gehört Sanibels **Bowman's Beach**. Auf der Suche nach den begehrten Fundstücken nehmen die mit wachem Auge den Strand durchkämmenden ›Beachcombers‹ eine eigenartig gebeugte, als ›Sanibel Stoop‹ bekannte Körperhaltung ein. Ehrgeizige Sammler starten sogar schon vor Anbruch der Dämmerung im Schein ihrer Stirnlampe.

TOP TIPP

Über die ökologischen Funktionen der Schalentiere informiert das **Bailey-Matthews National Shell Museum** (3075 Sanibel-Captiva Road, Tel. 888/679 64 50, www.shellmuseum.org, tgl. 10–17 Uhr). Als Anschauungsmaterial dienen mehr als 750 000 Muscheln aus aller Welt. In der umfangreichen Bibliothek kann man seine gesammelten Schätze bestimmen.

Schöne Wildbeobachtungen ermöglicht der 8 km lange **Wildlife Drive** (Sa–Do 7 Uhr bis Sonnenuntergang) durch die von Sümpfen und Frischwassermarschen durchsetzte Mangrovenwildnis des vogelreichen **J. N. ›Ding‹ Darling National Wildlife Refuge** (Tel. 239/472 11 00, www.fws.gov/dingdarling, tgl. Sonnenauf- bis Sonnenuntergang) führt. Vom Aussichtsturm auf halbem Weg überblickt man die subtropische Landschaft, Heimat von Pelikanen, weißen Ibissen, Schlangenhalsvögeln, Rosalöfflern, Reihern und vielen anderen Vogelarten. Alligatoren aus diesem Gebiet überqueren gelegentlich die Inselhauptstraße, wie Verkehrsschilder warnen. Das moderne *Education Center* (Jan.–April tgl. 9–17, Mai–Dez. tgl. 9–16 Uhr) gibt informative Einblicke in die regionale Flora und Fauna.

Postkartenidylle an den weißen Sandstränden von Sanibel Island

Captiva Island

Westlich des *Blind Pass* schließt sich die schmale Captiva Island an Sanibel an. Sie wird nur vom Captiva Drive durchzogen und ist etwas weniger kommerziell entwickelt als ihre große Schwester. Am südlichen Inselende, gleich hinter dem Blind Pass, beginnt **Turner Beach**, Captivas weißer Bade- und Muschelstrand mit relativ starker Strömung – optimal lassen sich von hier die Sonnenuntergänge beobachten. Weit voraus eilt den Inseln der Ruf ihrer kleinen Kunstgalerien. Im Norden, wo sich Hotels, Restaurants, Galerien und Geschäfte konzentrieren, verkauft die **Jungle Drums Gallery** (11532 Andy Rosse Lane, Tel. 239/395 22 66, www.junglegdrumsgallery.com, Mo–Sa 11–17 Uhr) Gemälde, Keramiken und Skulpturen.

i Praktische Hinweise

Information

Sanibel & Captiva Island Visitor's Center, 1159 Causeway Road (am Ende des Causeway), Sanibel, Tel. 239/472 10 80, www.sanibel-captiva.org

Hotel

TOP TIPP ***__West Wind Inn__, 3345 West Gulf Drive, Sanibel Island, Tel. 800/824 0476, www.westwindinn.com. Weitläufige Ferienanlage mit gut ausgestatteten Zimmern und Apartments am Sandstrand, mit Radverleih, Tennisplätzen, Pool und Garten.

Restaurant

The Bubble Room, 15001 Captiva Drive, Captiva, Tel. 239/472 55 58, www.bubbleroomrestaurant.com. Inmitten des sehr farbenfrohen Interieurs wird gute US-amerikanische Küche serviert.

Zentrale Golfküste – Sonne und Sand, Kunst und Kultur

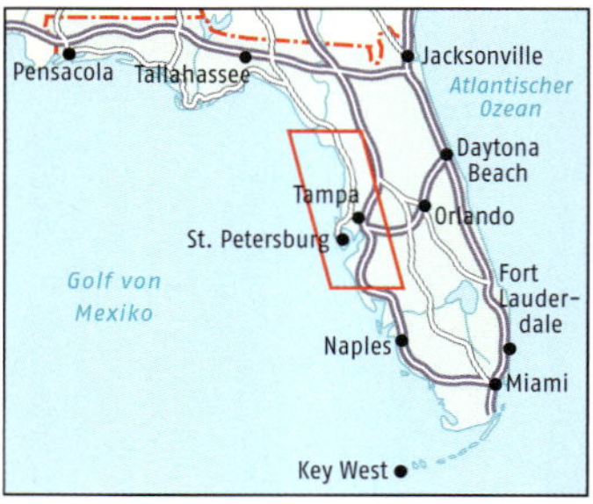

Die Küste entlang des Golfs von Mexiko ist ein Badeparadies mit endlosen Sandstränden von **Sarasota** bis **Clearwater Beach**. Dazwischengesprenkelt liegen mit dem The Ringling Museum of Art und dem Salvador Dalí Museum zwei der bedeutendsten *Kunsttempel* des Landes. Um die Tampa Bay ranken sich die Ausläufer der zusammenwachsenden Millionenmetropolen **Tampa** und **St. Petersburg**. Nach Norden wandelt sich die Küstenlandschaft drastisch, es überwiegen unzugängliche, unerschlossene Küstenstreifen. Nur wenige Stichstraßen führen zum Golf von Mexiko, z. B. nach **Cedar Key**, einem verträumten Nest aus dem 19. Jh.

21 Sarasota

Lebensart und Ferienfreuden zwischen Sümpfen und Meer.

Die *Sarasota Bay*, schon seit dem frühen 20. Jh. ein Ferienziel für sonnenhungrige ›Nordlichter‹, ist durch die vorgelagerten, schmalen Nehrungsinseln vor Wind und Wellen des Golfs von Mexiko geschützt. Viele Kilometer feine Sandstrände mit sachter Brandung laden dort zum Sonnenbaden und Schwimmen ein.

Sarasotas Museen und Theater haben der Region den Ruf der ›Kulturküste Floridas‹ eingebracht. Eng verbunden ist die kulturelle Entwicklung mit dem Namen *John Ringling* (1866–1936), der die Stadt 1927 als Winterquartier für seinen Ringling Brothers and Barnum & Bailey Circus aussuchte. Als Kunstmäzen investierte er einen Teil seines Vermögens in eine exzellente Kunstsammlung. Sie ist

TOP TIPP

heute im **The Ringling** (5401 Bayshore Road, Tel. 941/359 57 00, www.ringling.org, tgl. 10–17, Do bis 20 Uhr) in

Luxuriöse Winterresidenz – die Cà d'Zan gehört zum The Ringling Museum of Art

Alles rosa – die Van Wezel Performing Arts Hall ist Sarasotas kulturelles Wahrzeichen

einem imposanten Gebäude im Stil der italienischen Renaissance zu sehen. Besonders Ringlings Kollektionen von Renaissance- und Barockgemälden, u. a. mit Werken von Peter Paul Rubens, gehören zu den besten in den USA. Außerdem beherbergt das Museum Drucke, Skulpturen und Tapeten aus Europa von der Antike bis zum 19. Jh. Über dem kunstvollen, mit Reproduktionen berühmter Statuen geschmückten *Innenhof* erhebt sich am Westende eine Bronzekopie von Michelangelos ›David‹.

Das Center for Asian Art präsentiert sich seit 2016 in einem kubischen grün geschuppten Anbau. Weiterhin gehören zu dem Komplex die **Cà d'Zan**, (›Johns Haus‹ in venezianischem Dialekt), John und Mable Ringlings venezianisch inspirierte Winterresidenz am Flussufer. Der 1926 erbaute Terrakottapalast umfasst 56 Zimmer mit wertvollem Mobiliar und Kunstwerken. Im einstigen Wagentrakt ist das **Circus Museum** eingerichtet, das Sammlungen von Zirkusmemorabilien beherbergt.

Auf einer Halbinsel südlich von Downtown liegen die tropischen **Marie Selby Botanical Gardens** (900 South Palm Avenue, Tel. 941/366 57 31, www.selby.org, tgl. 10–17 Uhr). Herausragend sind das *Tropical Conservatory* mit prächtigen Orchideen, der majestätische *Banyan-Wald*, der verträumte *Waterfall Garden* mit zypressenbestandenen Gewässern und der blühende *Schmetterlingsgarten*.

In der **Van Wezel Performing Arts Hall** (777 North Tamiami Trail, Tel. 800/826 93 03, www.vanwezel.org) an der Sarasota Bay finden regelmäßig Musik- und Theateraufführungen statt, für Passanten ist die Halle mit ihrem auffälligen rosafarbenen Faltendach ein beliebtes Fotomotiv. Lila- und Rosatöne sind auch die vorherrschenden Farben der Straßenlaternen und anderer Gegenstände im Umfeld.

Ausflug

Im üppig bewaldeten, weitläufigen **Myakka River State Park** (13208 State Road 72, Tel. 941/361 65 11, www.floridastateparks.org/myakkariver, www.myakkariver.org, tgl. 8 Uhr bis Sonnenuntergang) erstreckt sich 27 km südöstlich von Sarasota einer der abwechslungsreichsten und ursprünglichsten Landstriche des Bundesstaats. Mit Spanischem Moos behangene Bäume beschatten schöne Abschnitte der Parkstraßen sowie Wanderwege. Eine Besonderheit ist der über den *Boylston Nature Trail* zugängliche *Canopy Walkway* (zusammen 1,3 km lang): Er verläuft 8 m über dem Boden auf einer Holzbrücke durch die Wipfel der Bäume und ermöglicht so einen eindrucksvollen Blick auf

das Pflanzen- und Tierleben in luftiger Höhe. Am Ende hat man vom 22 m hohen Turm eine spektakuläre Aussicht über Wald, Sumpfgebiete und Graslandschaften.

Am Ufer des Myakka River leben Weißkopfseeadler, Kraniche, wilde Truthähne und Alligatoren. Die ruhigen Gewässer sind hervorragend für *Kanutouren* geeignet, ein Kanu-, Kajak- und Fahrradverleih existiert am Boat Basin (Tel. 941/923 11 20, www.myakkaoutpost.com). Nebenan starten gemächliche, einstündige *Airboat-Fahrten* (tgl. 10, 11.30, 13 Uhr) über den Upper Myakka Lake (Tel. 941/365 01 00, www.myakkawildlifetours.com).

Von der Stadt aus lohnt sich ein kurzer Ausflug südwestlich nach **Siesta Key**, (www.siestakeychamber.com). Die dortige Siesta Beach prämierte Dr. Beach (www.drbeach.org, s. S. 133) zum schönsten Strand der USA – völlig zu Recht: Ein langer, prachtvoller Sandstrand nimmt den gesamten Nordwesten der vergleichsweise breiten Nehrungsinsel ein.

i Praktische Hinweise

Information

Sarasota Visitor Information Center, 1710 Main Street (Downtown), Sarasota, Tel. 941/706 12 53, www.visitsarasota.org

Einkaufen

St. Armands Circle, Sarasota, Tel. 941/388 15 54, www.starmandscircleassoc.com. Über 130 Geschäfte gruppieren sich um den Kreisverkehr auf der kleinen Insel St. Armands Key: exklusive Boutiquen, Spezialitätengeschäfte und Restaurants.

Hotel

*****Rolling Waves Beach Cottages**, 6351 Gulf of Mexico Drive, Longboat Key, Tel. 941/383 13 23, www.rollingwaves.com. Kleiner Komplex aus gemütlichen Ferienhäusern am ruhigen Sandstrand.

Restaurant

Top Tipp **Michael's On East**, 1212 East Avenue South, Midtown Plaza, Sarasota, Tel. 941/366 00 07, www.bestfood.com. Seit 1987 stets Spitzenklasse, moderne amerikanische Küche mit passender Weinkarte und hervorragendem Service in elegantem Ambiente.

22 St. Petersburg

Nah am Wasser gebaut: die Stadt zwischen dem Golf von Mexiko und der Tampa Bay.

St. Petersburg, kurz ›St. Pete‹, verspricht Ferienatmosphäre an endlosen Stränden

Blick auf die nächtliche Skyline von Downtown St. Petersburg

am Golf von Mexiko zwischen Clearwater Beach [s. S. 77] im Norden und St. Pete Beach im Süden. In Downtown, an der Tampa Bay, glänzen die futuristische Pier und das exzellente The Dalí Museum.

Bennant ist das von General John C. Williams Anfang der 1880er-Jahre als Sommerfrische gegründete St. Petersburg nach der Heimatstadt des russischen Immigranten *Peter Demens,* der 1888 die Eisenbahnlinie *Orange Belt Railroad* bis zur Golfküste verlängerte. St. Petersburg betrachtet sich auch als Geburtsort der kommerziellen Passagierluftfahrt, denn von der Stadt aus flog 1914 der Pilot Tony Jannus mit seinem Wasserflugzeug *Benoist* erstmals einen Fluggast 34 km weit über die Bucht nach Tampa. 1924 entstand die *Gandy Bridge* als erste Brücke über die Tampa Bay, zehn Jahre darauf der *Courtney Campbell Causeway.*

Populäre Attraktion im Zentrum der Stadt ist **The Pier** 1 (800 2nd Avenue Northeast), die sich an der Verlängerung der 2nd Avenue Northeast 400 m weit in die Bucht hinausschiebt. In den Jahren 2017/18 erfolgt der vollständige Neubau einer glasüberdachten Pier (www.newstpetepier.com).

Heimat der umfangreichsten Kollektion des exzentrischen spanischen Künstlers Salvador Dalí ist das am Hafen gelegene **The Dalí Museum** 2 (1 Dali Boulevard, Tel. 727/823 37 67, www.thedali.org, tgl. 10–17.30, Do bis 20 Uhr). Sehenswert ist allein schon der vom renommierten Architekturbüro HOK entworfene, spektakuläre Neubau, in dem das Museum seit 2011 residiert. Es präsentiert Arbeiten aus allen Schaffensperio-

TOP TIPP

Extravagantes Heim für einen exzentrischen Künstler – das neue Dalí Museum in St. Petersburg

den *Salvador Dalís* (1904–89), von den ersten impressionistischen Bildern über die berühmten surrealistischen Meisterwerke bis hin zu den überdimensionalen Montagen aus seiner klassischen Periode.

Weiße **Sandstrände** und warme sanfte Brandung kennzeichnen die Nehrungsinseln zwischen *St. Pete Beach* und *Clearwater Beach*, die durch den 35 km langen Gulf Boulevard (SR 699) miteinander verbunden sind. Am Meeresufer lässt es sich herrlich entspannen. Eine Fülle von Hotels, Motels und Restaurants prägt die kleinen Ortschaften und das Freizeitangebot ist vielfältig. Man kann Motorboot fahren, segeln im Golf von Mexiko, angeln von Piers und von Charterbooten auf hoher See. Einer der schönsten Badestrände der Region liegt im eigentlich schon zu Clearwater gehörenden **Sand Key Park** 3 (1060 Gulf Blvd., Tel. 727/588 48 52, www.pinellascounty.org/park) an der Nordspitze von Sand Key vor der Brücke nach Clearwater Beach.

In **Indian Shores** 4 bietet sich als Alternative zum Sonnenbaden der Besuch des *Suncoast Seabird Sanctuary* (18328 Gulf Boulevard, Tel. 727/392 42 91, www.seabirdsanctuary.com, tgl. 9 Uhr bis Sonnenuntergang) an, einem Rehabilitationszentrum und Zoo für Meeresvögel, aber auch für Eulen und andere Vogelarten. Rund 5000 Vögel werden dort alljährlich verarztet, viele der aufgenommenen Pelikane haben sich an weggeworfenen Angelschnüren und -haken verletzt.

Von Long Key mit seinem Strandgetümmel lohnt sich die Weiterfahrt über fünf durch Straßen verbundene Inseln zum **Fort de Soto Park** 5 (3500 Pinellas Bayway S., Tierra Verde, Tel. 727/552 18 62,

www.pinellascounty.org/park, tgl. 7–23 Uhr). Mittelpunkt der Oase am äußersten Südzipfel von St. Pete Beach mit Angelpiers und einem der besten Sandstrände Floridas ist das *Fort de Soto* auf Mullet Key. 1898 begannen hier die Bauarbeiten, kamen aber schon bald, während des Spanisch-Amerikanischen Krieges, zum Erliegen. Nur einige Mauern und Kanonen blieben erhalten. Aussichtspunkte überschauen die Öffnung der Tampa Bay, überspannt von der gelben *Sunshine Skyway Bridge*, dem Wahrzeichen von St. Petersburg, einer modernen, 6,6 km langen Brückenkonstruktion, 59 m über dem Wasser. Die noch erhaltenen Nord- bzw. Südrampen der alten, 1980 kollabierten Brücke sind Teil des *Skyway Fishing Pier State Park* (Tel 727/865 06 68, www.floridastateparks.org/skyway). Dort steht die mit über 6 km längste Fishing Pier der Welt.

Rosafarbener Luxus – das Don CeSar Beach Resort am Strand von St. Pete Beach

Praktische Hinweise

Information

St. Petersburg Area Chamber of Commerce, 100 2nd Avenue North, Suite 150, St. Petersburg, Tel. 727/821 40 69, www.stpete.com

Tampa Bay Beaches Chamber of Commerce, 6990 Gulf Blvd., St. Pete Beach, Tel. 727/360 69 57, www.tampabaybeaches.com

Einkaufen

John's Pass Village, Madeira Beach, St. Petersburg, Tel. 727/394 07 56, www.johnspass.com. Promenade an der Brücke nach Treasure Island mit über 100 Restaurants und Geschäften.

Hotels

********Loews Don CeSar Hotel**, 3400 Gulf Boulevard, St. Pete Beach, Tel. 800/282 11 16, www.doncesar.com. Grande Dame der lokalen Hotellerie: rosafarbenes Schlosshotel direkt am Strand, im mediterranen Stil von 1928.

*****Postcard Inn**, 6300 Gulf Boulevard, St. Pete Beach, Tel. 800/237 89 18, www.postcardinn.com. Am breiten Sandstrand von St. Pete Beach gelegene, gemütliche und stylishe Anlage mit Restaurant und Tiki Bar.

Restaurants

Casual Clam, 3336 9th Street North, St. Petersburg, Tel. 727/895 25 26, www.casualclam.com. Einfaches, populäres Seafood-Restaurant.

Ceviche, 10 Beach Drive, im Ponce de Leon Hotel, St. Petersburg, Tel. 727/209 22 99, www.ceviche.com. Von der spanischen Küche inspiriertes Lokal.

Riesige Skulpturen des Big Business – glänzende Wolkenkratzer in der Innenstadt von Tampa

23 Tampa

Zigarren, Vergnügungsparks und Big Business an der Tampa Bay.

Wo die spanischen Entdecker noch eine immense Wasserwildnis vorfanden, breitet sich heute an den Buchten und Flüssen von Old Tampa Bay und Hillsborough Bay eine **Großstadt** aus.

Tampas Entwicklung vom verschlafenen Dorf zur geschäftigen, von glitzernden Wolkenkratzern geprägten Metropole begann 1884, angestachelt durch *Henry Plants* Erweiterung seiner Eisenbahnstrecken bis zum Hillsborough River. Plant propagierte die Region erstmals als Ferienziel und baute erlesene Hotels für ein ebensolches Publikum. 1886 gründete der kubanische Einwanderer *Vicente Martínez Ybor* nach seinem Zwischenstopp in Key West eine Zigarrenfabrik in Tampa und legte damit den Grundstein der florierenden *Zigarrenindustrie* und ihrer hispanischen Basis in Ybor City. Im Spanisch-Amerikanischen Krieg von 1898 begann Tampas Karriere als Militärhafen, mittlerweile entwickelte sich der Hafen zum mit Abstand größten in Florida.

TOP TIPP Tampas beliebteste Attraktion sind die **Busch Gardens** 1 (10165 N McKinley Drive, Tel. 888/800 54 47, www.buschgardens.com/tampa, Kernzeiten tgl. 10–18 Uhr, teils bis Mitternacht), eine Kombination aus modernem Zoo und Vergnügungspark mit *Falcon's Fury*, dem mit 100 m höchsten freien Fall in Florida, sowie zahlreichen spektakulären Achterbahnen wie *Cheetah Hunt*, *Kumba*, *Montu* und *SheiKra* mit mehreren Loopings. In der *Serengeti Plain*, die man per Zug oder Skyride (Seilbahn) umrunden kann, lassen sich viele Tiere aus Afrika beobachten. Im Myombe Reserve der *Marocco Section* sieht man Menschenaffen, in der benachbarten *Stanleyville Section* sorgt eine Wildwasserabfahrt auf der *Tanganyika Tidal Wave* für Spaß.

In unmittelbarer Nachbarschaft erfreut der Wasservergnügungspark **Adventure Island** (10001 N. McKinley Drive, Tel. 888/800 54 47, www.adventureisland.com, Mitte Mai–Mitte Sept. tgl. 10–17, im Hochsommer bis 18 Uhr) die Herzen von Wasserratten.

Mit über 450 interaktiven Experimenten und Demonstrationen aus Naturwissenschaft, Technologie und Industrie ist das 3 km nordöstlich gelegene **Museum of Science and Industry** 2 (4801 East Fowler Avenue, Tel. 813/987 60 00, www.mosi.org, Mo–Fr 10–17, Sa/So 10–18 Uhr), kurz MOSI, das größte naturwissenschaftliche Museum Floridas und eine unterhaltsame Wissensquelle. Besucher erleben in *Disasterville* verschiedene Windstärken und lernen Waldbrände und Vulkane kennen. Im *Butterfly Garden* beobachten sie frei fliegende Schmetterlinge, im *Saunders Planetarium* werden Sternenshows präsentiert. Und im *IMAX Dome Theatre* mit gekrümmter Riesenleinwand glauben Filmzuschauer, mitten im Geschehen zu sitzen.

Zu den besten Aquarien des Bundesstaates gehört das **Florida Aquarium** 3 (701 Channelside Drive, Tel. 813/273 40 00, www.flaquarium.org, tgl. 9.30–17 Uhr) am Südostrand von Downtown. Rekonstruierte aquatische Ökosysteme folgen dem Wasser Floridas, von den unterirdisch gelegenen Kalksteinhöhlen und Quellen über die Flüsse und Feuchtgebiete bis zu den Stränden, den Küsten und den Korallenriffen des offenen Ozeans. *Haifischfütterungen* durch Taucher gehören zu den populärsten Attraktionen.

Tampas denkmalgeschützter hispanischer Stadtteil **Ybor City** (www.ybor.org) dehnt sich nördlich davon zwischen 13th Street und 22nd Street aus. Seine Hauptarterie ist die auch abends belebte 7th Avenue, *La Septima*, mit ihren Restaurants und Kneipen. Das Viertel entstand ab dem späten 19. Jh. um die zigarrenfertigenden kubanischen Fabriken, die mit ihrer unübertroffenen handgerollten Zigarrengroßproduktion Tampa zur ›Cigar Capital of the World‹ machten. Diesem Boom setzten ab den 1930er-Jahren die Weltwirtschaftskrise und insbesondere der Siegeszug der preiswert gefertigten Zigaretten ein Ende. Heute lassen die im Viertel ansässigen Firmen ihre Zigarren überwiegend in Mittelamerika rollen.

Der auffällig große, ziegelsteingemauerte Backofen verrät die alte *La Ferlita Bakery*, in der heute das **Ybor City Museum** 4 (1818 East 9th Avenue, Tel. 813/247 63 23, www.ybormuseum.org, tgl. 9–17 Uhr) Kubas Zigarrenindustrie in der Mitte des 19. Jh. und die Blütezeit dieses Geschäftszweigs in Ybor City dokumentiert. Nebenan beleuchtet das zum Museum gehörende, zeitgenössisch möblierte *La Casita* (Führungen tgl. 10–15 Uhr, halb-

Von exklusiven Urlaubsvergnügungen um 1900 zeugt das einstige Tampa Bay Hotel

stündlich), das ›Häuschen‹, die Lebensbedingungen eines einstigen Zigarrenarbeiters in Tampa.

Westlich von Ybor City ragen die Wolkenkratzer von Tampas Downtown empor. Jenseits des Hillsborough River erstreckt sich die altehrwürdige **University of Tampa** 5. Prachtvollster Bau auf dem Campus ist das **Henry B. Plant Museum** (401 W. Kennedy Boulevard, Tel. 813/254 18 91, www.plantmuseum.com, Di–Sa 10–17, So 12–17 Uhr). Der Eisenbahnmagnat Henry B. Plant ließ das ehem. *Tampa Bay Hotel* 1891 erbauen. Einige der Räume sind noch immer genauso prachtvoll eingerichtet wie zu den Glanzzeiten des Hotels, Ausstellungen dokumentieren Plants Leben und Werk sowie den Beginn des Tourismus in Florida.

i Praktische Hinweise

Information

Visit Tampa Bay Visitor Information Center, 615 Channelside Drive, Tampa, Tel. 800/448 26 72, www.visittampabay.com

Hotels

*****Best Western Bay Harbor Hotel**, 7700 Courtney Campbell Causeway, Tampa, Tel. 813/281 89 00, www.bayharbortampa.com. Hotel mit kleinem Badestrand an der Old Tampa Bay.

*****The Westin Tampa Harbour Island Hotel**, 725 South Harbour Island Boulevard, Tampa, Tel. 866/716 81 08, www.westintampaharbourisland.com. Elegantes Hotel auf tropisch gestalteter Insel unmittelbar vor der Tampa-Skyline.

Restaurant

TOP TIPP **The Columbia Restaurant**, 2117 East 7th Avenue, Tampa, Tel. 813/248 49 61, www.columbiarestaurant.com. Altehrwürdiges Restaurant von 1905 in Ybor City. Spanische Gerichte mit einem Hauch Kuba, Mo–Sa abendliche Flamencoshows.

Weiße Sandstrände und die lange Pier 60 ziehen Urlauber nach Clearwater Beach

24 Clearwater Beach

Inseln, aus dem Wind geboren.

Nordwestlich von St. Petersburg [s. S. 70] bietet der 3 km lange weiße **Sandstrand** von Clearwater Beach alles, was den Urlauber erfreut. Die Auswahl an Hotels und Restaurants ist groß, allerorten kann man Surfbretter oder Schnorchelausrüstung leihen oder erwerben. Jeden Tag um die Zeit des Sonnenuntergangs wird die 320 m lange **Pier 60** (www.sunsetsatpier60.com) etwa vier Stunden lang zum Treffpunkt von Einheimischen und Touristen, Straßenkünstlern und Händlern.

Populärstes Ausflugsziel ist der auf dem *Dunedin Causeway* zu erreichende **Honeymoon Island State Park** (1 Causeway Boulevard, Tel. 727/469 59 42, www.floridastateparks.org/honeymoonisland, tgl. 8 Uhr bis Sonnenuntergang) nordwestlich von Dunedin. Die Nehrungsinsel hat lange, muschelreiche *Sandstrände* auf der Golfseite und *Mangrovensümpfe* auf der Buchtseite. Im unerschlossenen Parkteil lässt sich der *Osprey Trail* mit dem *Pelican Cove Trail* zu einer Rundwanderung von 4 km durch den Kiefernwald verbinden. Unterwegs sieht man Gürteltiere und Schildkröten.

TOP TIPP

Von Honeymoon Island besteht eine Fährverbindung [s. u.] zur südlich gelegenen **Caladesi Island** (Tel. 727/469 59 18, www.floridastateparks.org/caladesiisland, tgl. 8 Uhr bis Sonnenuntergang). Beide Inseln entstanden in ihrer jetzigen Gestalt 1921, als ein Hurrikan sie voneinander trennte und eine seither passend *Hurricane Pass* genannte Wasserstraße schuf. Die Landschaft des Caladesi Island State Park ähnelt jener der Honeymoon Islands, allerdings ist die Insel bis auf einen kleinen Hafen und einige Wanderwege unerschlossen. Ein weißer *Sandstrand*, einer der besten der Westküste, zieht sich 5 km an der Golfseite entlang. An den ruhigen Gestaden sind Meeresschildkröten und diverse Vogelarten zuhause.

Praktische Hinweise

Information

Clearwater Beach Chamber of Commerce Visitors Center, 333C South Gulfview Boulevard, Clearwater Beach, Tel. 888/799 31 99, www.beachchamber.com

St. Petersburg/Clearwater Area onvention & Visitors Bureau, 18200 Bryan Dairy Road, Suite 200, Largo, Tel. 877/352 32 24, www.visitstpeteclearwater.com

Fähre

Caladesi Island Ferry, Tel. 727/734 52 63, www.caladesiferry.org, tgl. 10–16 Uhr, halbstündliche Abfahrt (Mitte Sept.–Mitte Feb. stündlich). Die Überfahrt von Honeymoon Island nach Caladesi Island dauert 20 Min.

Unterkunft

*****Sea Captain Resort on the Bay**, 40 Devon Drive Clearwater Beach, Tel. 800/444 74 88, www.seacaptainresort.

Noch heute wird in Tarpon Springs auf traditionelle Art nach Schwämmen getaucht

com. Nette Ferienwohnungen direkt an der Bucht in der Nähe von Pier 60.

Restaurant

Frenchy's South Beach Café, 351 South Gulfview Blvd., Tel. 727/441 99 91, www.frenchysonline.com. Gemütliches Bistro mit Terrasse unweit der Pier 60.

Schwamm drüber!

Schwämme (engl. ›sponge‹) zählen zu den ältesten Tierarten der Erde. Die äußerst regenerationsfähigen **Organismen** können das bis zu 25-fache ihres eigenen Gewichtes an Wasser aufnehmen und, obwohl vollgesogen, fast komplett wieder trockengedrückt werden. Die primitiven Tiere ohne Organe und Nervensystem leben in großen Kolonien in relativ flachem, temperiertem Meerwasser und benötigen festen Untergrund als Ankerplatz. Kommerziell verwertet wird nur ihr Skelett. In seichtem Gewässer erfolgt die **Ernte** per Haken, in tieferem von Tauchern per Hand. Danach werden die Schwämme getrocknet und gereinigt. Von den 5000 weltweit bekannten Schwammarten leben vier wirtschaftlich verwertbare im Golf von Mexiko.

25 Tarpon Springs

Ein griechisches Fischerdorf – made in America.

Die freundliche Atmosphäre des ›griechischen‹ Fischerdorfes nördlich von Clearwater ist komplett mit typisch mediterranen Restaurants, Imbissen und den Docks der Schwammtaucher. 1890 hatte die kommerzielle *Schwammtaucherei* in Tarpon Springs begonnen und bald den Wintertourismus als Haupteinnahmequelle abgelöst. Bereits kurz nach der Wende zum 20. Jh. führten griechische Einwanderer ihre damals revolutionären Tauchanzüge ein. Die dicken Gummianzüge erlaubten den Tauchern das Ernten in größerer Tiefe. Auch die speziellen Boote sowie verbesserte Arbeitsmethoden steigerten die Erträge um ein Vielfaches. Schnell galt der kleine Ort als weltgrößter Markt für das Naturprodukt aus dem Meer. In den 1940er-Jahren verursachten jedoch eine Bakterienepidemie und die Konkurrenz synthetischer Ware den Niedergang der kommerziellen Schwammtaucherei. Doch die Schwammgründe konnten sich erholen, und heute erlebt die traditionelle ›Schwammernte‹ in Tarpon Springs mit der Rückbesinnung auf Naturprodukte eine Renaissance.

Ein netter Spaziergang führt zu den **Schwammtaucherdocks** am *Dodecane-*

se Boulevard, der Hauptstraße der Altstadt. Seit 1924 ziehen von hier aus die Ausflugsboote der *St. Nicholas Line* [s. u.], der ältesten Ausflugslinie Floridas, ihre Runden durch den Hafen. Nur auf diesen Schiffen gehen unterwegs Taucher ins Wasser und demonstrieren in traditioneller Montur die speziellen Erntetechniken und vermitteln Wissenswertes über die Schwammarten.

Schräg gegenüber der Anlegestelle der St. Nicholas Line erreicht man **The Sponge Exchange** (735 Dodecanese Boulevard, Tel. 727/934 87 58, www.thespongeexchange.com). Die einstige Schwammbörse ist heute ein kleiner attraktiver Markt mit über 30 Schwammgeschäften und Restaurants.

Mit tropischen Fischen aus dem Golf von Mexiko und der Karibik rekonstruiert das **Tarpon Springs Aquarium** (850 Dodecanese Boulevard, Tel. 727/938 53 78, www.tarponspringsaquarium.com, Mo–Sa 10–17, So 12–17 Uhr, tgl. Haifischfütterung) die Vielfalt eines Korallenriffes.

In der 1 km südlich gelegenen, 1943 als Ebenbild der Hagia Sophia in Istanbul erbauten **St. Nicholas Greek Orthodox Cathedral** (36 North Pinellas Avenue, tgl. 10–15 Uhr, Tel 727/937 35 40, www.epiphanycity.org) wird am 6. Januar, dem Dreikönigstag, stets eine große Messe mit vielbesuchter Prozession gefeiert. An dieser ›Epiphany Celebration‹ der griechischstämmigen Schwammtaucher, zugleich Segnungstermin des Wassers, wirft der Erzbischof traditionell ein hölzernes Kreuz ins Wasser, das von jugendlichen Tauchern wieder emporgeholt wird. Tarpon Springs' mediterrane Atmosphäre wird bei diesem Anlass mit traditionellen Kostümen, griechischer Musik, Tänzen und besonders appetitanregenden Gerichten feierlich gesteigert.

i Praktische Hinweise

Bootstouren

St. Nicholas Boat Line, 693 Dodecanese Boulevard, Tarpon Springs, Tel. 727/942 64 25, www.stnicholasboatline.com, tgl. 10–16.30 Uhr stündliche Abfahrt, 40-minütige Hafenrundfahrten.

Restaurants

Costa's Restaurant, 521 Athens Street, Tarpon Springs, Tel. 727/938 68 90, www.costascuisine.com. Authentische griechische Küche nahe der Schwammtaucherdocks.

Hellas Restaurant, 785 Dodecanese Blvd., Tarpon Springs, Tel. 727/943 24 00, www.hellas-restaurant.com. Exzellentes Lamm und gute Salate in The Sponge Exchange.

26 Weeki Wachee Springs

Lockender Tanz der Meerjungfrauen.

Im *Weeki Wachee Springs State Park* (6131 Commercial Way, Spring Hill, Tel. 352/592 56 56, www.floridastateparks.org/weekiwachee, tgl. 9–17.30 Uhr) entspringt in 40 m Tiefe der kristallklare Weeki Wa-

Aufforderung zum Tanz – bezaubernde Meerjungfrauen im Weeki Wachee Springs State Park

Füttern erwünscht – Park Ranger und Manati im Homosassa Springs Wildlife State Park

chee River, der bereits wenige Kilometer weiter westlich in den Golf von Mexiko mündet. Seine Quelle, die **Weeki Wachee Springs**, mit einem Ausstoß von über 4500 l/Sek.) ist jahrein, jahraus 23 °C warm. Hauptattraktion im Park ist das seit 1947 bestehende Unterwasserballett ›**The Little Mermaid**‹ (www.weekiwachee.com, Mo–Fr 11, 13.30 und 15, Sa/So 10, 12, 13.30 und 15 Uhr) mit tanzenden ›Meerjungfrauen‹ hinter Glasscheiben. Nicht entgehen lassen sollte man sich auch die *River Boat Cruise* im Elektroboot auf dem Weeki Wachee River. Geruhsam führt diese durch dichten, subtropischen Zypressen- und Palmenwald. Der Wasserpark **Buccaneer Bay** (www.weekiwachee.com, tgl. 9–17.30 Uhr, die Wasserrutschen sind nur im Hochsommer geöffnet) befindet sich ebenfalls im State Park.

27 Homosassa Springs

Tierisch gut: Manatifütterungen.

Seit dem frühen 20. Jh. lockt der großartige **Homosassa Springs Wildlife State Park** (4150 South Suncoast Boulevard, Tel. 352/628 53 43, www.floridastateparks.org/homosassasprings, tgl. 9–17.30 Uhr) Besucher an. Seinerzeit reisten die Herrschaften noch mit dem Zug, der direkt an der namengebenden Quelle hielt. Über 2400 l kristallklares Wasser pro Sekunde sprudeln hier aus 14 m Tiefe und formen den in den Golf von Mexiko mündenden Homosassa River. In dem konstant 22 °C warmen Quellgewässer leben *Schildkröten, Alligatoren* und *Manatis* [s. S. 52], die man durch die Glasfenster der schwimmenden Beobachtungsplattform und auch vom Ufer aus näher betrachten kann. Park Ranger führen durch verschiedene Tierprogramme, z. B. mit Alligatoren an der *Gator Lagoon*. Höhepunkte sind die Fütterungen der Seekühe. Drei Mal täglich verschlingen die ansonsten frei umherschwimmenden Vegetarier Unmengen an Gemüse.

Homosassas subtropische, üppige Flora und Fauna lässt sich auf den **Wanderpfaden** entlang des Homosassa River genießen. In den Parkgehegen sind Flussotter, Schwarzbären, Panther und zahlreiche Wasservogelarten heimisch. Zwischen Visitor Center und Westeingang kreuzen außerhalb des Parks gemächlich *Pontonboote* auf dem Pepper Creek, einem idyllischen, quellgespeisten Fluss.

Nur wenig Zeit erfordert die kurze Kajak-Tour zu den **Three Sister Springs** im Crystal River National Wildlife Refuge. Die Quelle wirkt wie eine traumhafte Lagune aus der Südsee (www.crystalriverkayakcompany.com).

i Praktische Hinweise

Hotel

****MacRae's of Homosassa**, 5300 S. Cherokee Way, Homosassa, Tel. 352/628 26 02, www.macraesofhomosassa.com. Motel mit Zimmern und Apartments am Südufer des Homosassa River. In der Tiki Bar gibt es Fr–So Live-Musik.

28 Cedar Key

Reif für die Insel – ein Refugium für gestresste Städter.

Pelikane, Seeadler und weiße Ibisse fliegen südlich der Mündung des *Suwannee River* in den Golf von Mexiko über das Wasser. Heimat der Vögel ist das Naturschutzgebiet **Cedar Keys National Wildlife Refuge** (www.fws.gov/cedarkeys). In diesem Küstenbereich gibt es keine Sandstrände und kaum Zufahrten zum Meer. Relativ abgeschieden liegt dort die 700 Einwohner zählende, **subtropische Insel** Cedar Key, die einen Abstecher von der Hauptstraße mit ihrer nostalgisch-charmanten Atmosphäre belohnt.

Cedar Keys geschäftige Tage als florierende Hafenstadt und westlicher Endpunkt der 1861 fertiggestellten *Florida Railroad* von Fernandina Beach sind lange vorbei. In den Boomzeiten der 1870/80er-Jahre wurde auf den Schienen vor allem das Holz der namengebenden Zeder abtransportiert. Firmen wie A.W. Faber nutzten es zur Bleistiftherstellung. Als um 1890 der einst üppige Rohstoffvorrat der Wälder durch die rigorose Abholzung ohne nachfolgende Aufforstung zur Neige ging, fand der wirtschaftliche Aufschwung ein Ende. Ein *Hurrikan* vernichtete schließlich 1896 Cedar Keys Existenzgrundlage und riss Werften, Brücken sowie A.W. Fabers Holzfabrik ins Meer.

Friedlich überschaut heute der betagte **Friedhof** am Gulf Boulevard das Wasser, seine bis auf Mitte des 19. Jh. zurückzudatierenden Steine erzählen Geschichte der früheren Bewohner. Cedar Keys hübsche **Holzhäuser** mit Schnitzereien und schmiedeeisernen Balkongittern auf der *Second Street* stammen aus dem späten 19. Jh., als das heute verträumte Nest noch dreimal so viele Einwohner hatte. Ein gepflegtes Überbleibsel aus der ›guten, alten Zeit‹ ist das zweistöckige **Island Hotel** [s. u.] von 1859 mit umlaufender Veranda. Das **Cedar Key Museum** (12231 SW166th Court, Tel. 352/543 53 50, www.floridastateparks.org/cedarkeymuseum, Do–Mo 10–17 Uhr) dokumentiert die wechselvolle Geschichte des Ortes.

Auch das kleine **Cedar Key Historical Society Museum** (609 2nd Street, Tel. 352/543 55 49, www.cedarkeyhistoricalmuseum.org, So–Fr 13–16, Sa 11–17 Uhr) zeigt interessante Ausstellungsstücke zur Regionalgeschichte.

Besonders schön ist ein Spaziergang entlang der **Dock Street**. Sie lockt mit ihrem Pier, von dem man Angler und Pelikane beobachten kann, sowie mit Restaurants und Geschäften.

i Praktische Hinweise

Information

Cedar Key Area Chamber of Commerce, 450 Second Street, Cedar Key, Tel. 352/543 56 00, www.cedarkey.org

Hotels

*****Cedar Cove**, 192 2nd Street, Cedar Key, Tel. 800/366 53 12, www.cedarcovehotel.com. Hotel am einzigen Sandstrand des Ortes, mit Whirlpool, Sauna und Fischrestaurant.

*****Island Hotel**, 373 2nd Street, Cedar Key, Tel. 800/432 4640, www.islandhotel-cedarkey.com. Nostalgisches Bed & Breakfast von 1859 mit gutem Restaurant.

Eine Augenweide sind die hübschen Holzhäuser in Cedar Key

Orlando und Zentralflorida – wo Disney und Co. eine Region verzaubern

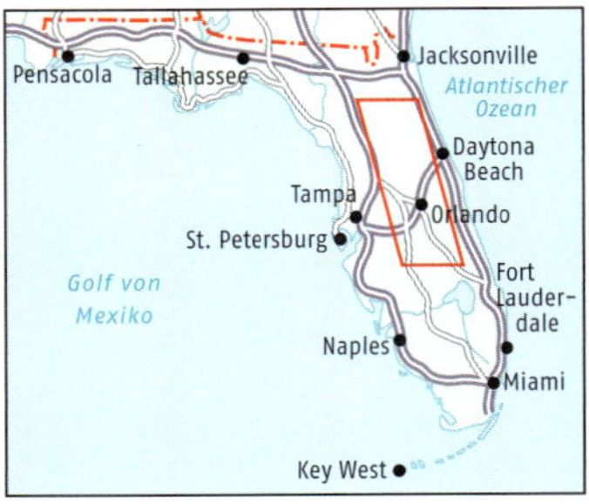

Disneys Wunderwelt in **Orlando** zieht Millionenscharen von Touristen an. Mickey Mouse als Symbol der modernsten Vergnügungsparks Amerikas ist zugleich internationaler Botschafter einer schöneren, glücklicheren Welt. Doch Orlando ist nicht nur *Disney* allein, überdies besitzen *Universal Studios* und *SeaWorld* Unterhaltungswert von Weltrang. Doch schon ein wenig außerhalb Orlandos beginnt das natürliche Kontrastprogramm – das Florida abseits der ausgetretenen Pfade. In wunderschönen unerschlossenen Naturparks wie dem **Ocala National Forest** leben noch wilde Tiere, und zahllose Bäche winden sich durch dichte Wälder.

29 Orlando

Disney World, Universal Orlando und SeaWorld – unschlagbares Dreigestirn der weltbesten Vergnügungsparks.

Orlando macht die Auswahl schwer! Nirgendwo auf der Welt gibt es mehr Vergnügungsparks als im Zentrum Floridas. Als ideale Kombination bietet sich der Besuch von *Universal Studios*, *SeaWorld* und **Disney World** an. Wer dabei möglichst alles sehen und miterleben möchte, wird schnell feststellen, dass der Spaß nach einigen Stunden in Stress endet. Angesichts der immensen Größe und der Warteschlangen vor den Attraktionen erfordert der Aufenthalt in jedem dieser Parks eine gehörige Kondition. Am besten plant man zwischendurch einen ›Ruhetag‹ mit Kanutouren, Ausritten oder Schwimmen ein.

Bis in die 1960er-Jahre war Orlando ein verschlafenes Nest. Erst 1971, mit der strahlenden Eröffnung des *Magic Kingdom,* des viel bestaunten ›magischen Königreiches‹, begann der Siegeszug von Mickey Mouse und Co. Drei weitere Themenparks folgten, zunächst *Epcot*, dann die *Disney's Hollywood Studios* und schließlich *Disney's Animal Kingdom*. Abgerundet wird das Angebot durch Wasserparks wie *Typhoon Lagoon* und *Blizzard Beach,* 30 Disney-eigene Hotels, vier

Kinderträume werden wahr in Disney Worlds Magic Kingdom in Orlando

Golfplätze und vieles, vieles mehr. Heute ist das ›Maus-Imperium‹ mit über 74 000 Beschäftigten der größte Arbeitgeber Zentralfloridas. Das Personal kümmert sich allein in den vier großen **Themenparks** von **Disney World** um jährlich über 52 Mio. Besucher.

Disney ist die Welt des ›keep smiling‹, selbst im größten Andrang lächeln und helfen dienstbare Geister. Und so präsentiert sich Disney World sicher, sauber und schön, als perfekte heile Welt, die den Alltag in den Hintergrund drängt. Allerdings schlagen neben den Eintrittspreisen Getränke und Essen kräftig zu Buche, denn in die Parks darf keine Verpflegung mitgenommen werden.

Das magische Königreich

TOP TIPP Urvater aller Parks in Orlando ist das **Magic Kingdom** 1 (1180 Seven Seas Drive, Lake Buena Vista, I-4 Ausfahrt 67, Tel. 407/939 52 77, www.disneyworld.disney.go.com, tgl. ab 9 Uhr, Schließzeit je nach Saison und Wochentag 20–24 Uhr), mit jährlich knapp 20 Mio. Besuchern der weltweit meistbesuchte Vergnügungspark, dessen Zauber sowohl Kinder als auch Erwachsene umfängt. Zu den Sternstunden gehört die *Festival of Fantasy Parade* der Disney-Charaktere von der *Main Street* bis zum Splash Mountain. Realität und Illusion verwischen sich im Trubel der begeisterten Menschenmenge, der bunten Luftballons und Fanfaren, über denen sich das nach Schloss Neuschwanstein modellierte *Cinderella Castle* erhebt.

Mit den Loren der *Big Thunder Mountain Railroad* fährt man im *Frontierland* kurvenreich durch den Wilden Westen. Auf dem *Splash Mountain* gleich nebenan stürzen Boote 16 m in die Tiefe – garantiert ›erfrischend‹ beim Eintauchen ins Wasser! Im benachbarten *Country Bear Jamboree* führen 18 Banjo spielende

Grizzlybären eine flotte Musik-Revue auf. Für viele Besucher die attraktivsten Bereiche von *Fantasyland* sind *Mickey's PhilharMagic*, ein exzellenter 3-D-Film mit den bekannten Disney-Figuren in modernster Computeranimation auf einer der weltgrößten Leinwände, sowie *The Many Adventures of Winnie the Pooh*, wo man bei einer Reise im Honigtopf die Geschichten des berühmten Bären erlebt.

Im *Seven Dwarfs Mine Train* schraubt eine Achterbahn mit plötzlichen Kursänderungen in völliger Dunkelheit den Adrenalinspiegel in die Höhe, während im futuristischen *Tomorrowland* in *Stitch's Great Escape* intergalaktische Polizisten einen Außerirdischen bewachen sollen. Im *Adventureland* versucht man bei *A Pirate's Adventure – Treasures of the Seven Seas,* zusammen mit Captain Jack interaktiv einen Schatz zu finden. In den *Liberty Square* lockt das *Haunted Mansion*, das mit ausgezeichneten Spezialeffekten ›verwunschene‹ Spukhaus. Wer nicht mehr laufen kann, unternimmt eine Rundfahrt mit der *Walt Disney World Railroad* oder dem Schaufelraddampfer *Liberty Square Riverboat*. Den Tag beendet das brillante *Wishes Nighttime Spectacular Feuerwerk* über dem Cinderella Castle.

Experimente der Zukunft

Als Kürzel für ›Experimental Prototype Community of Tomorrow‹ steht der Name des Vergnügungsparks **Epcot** 2 (200 Epcot Center Drive, Lake Buena Vista, tgl. 9–21 Uhr, ganzjährig). Das 1982 eröffnete Gelände besteht aus zwei verschiedenen Bereichen. Als markantes Wahrzeichen der *Future World* am Eingang ragt 55 m hoch die silberglänzende Erdkugel *Spaceship Earth* auf. Eine Bahnfahrt durch ihr Inneres wird zu einer Zeitreise durch die Menschheitsgeschichte. Weitere Höhepunkte in der ›Welt der Zukunft‹ sind das Salzwasseraquarium in *The Seas with Nemo and Friends* und eine Automobilteststrecke, über deren *Test Track* man mit mehr als 100 km/h brausen kann. *Mission: SPACE* ist ein wildes Abenteuer mit Raketenstart und Schwerelosigkeit im Weltraum und bei *Soarin* erlebt man auf einer Riesenleinwand mit tollem Panorama den Flug in einem Gleitschirm über die Naturwunder von Kalifornien.

Im zweiten Bereich um die Lagune präsentiert *World Showcase* elf Nationen in je einem Pavillon, ausgestattet mit detailgetreuen *Nachbauten* u. a. von Mexikos Azteken-Pyramiden, Venedigs Markusplatz und dem Pariser Eiffelturm. Dass dabei landestypische Klischees im Vordergrund stehen, tut der freundlich-einladenden Atmosphäre keinen Abbruch. Durch die Länderpavillons ziehen die Düfte diverser *Restaurants*. Deutschlands ›Biergarten‹ bietet *German Beer*, untermalt von Volksmusikklängen und serviert von deutschsprachiger Bedienung in Lederhosen und Dirndl. Beliebt sind auch Filme über Kanada und China auf eindrucksvoller 360°-Leinwand. Stets umlagert ist der in heimeliger Geschichtsträchtigkeit schwelgende *US-Pavillon*. Weitere Stationen auf der imaginären Reise um die Erde sind Großbritannien, Marokko und Japan.

Visueller Höhepunkt ist das abendliche *IllumiNations: Reflections of Earth*, eine prachtvolle Komposition aus Licht, Laser und Feuerwerk über der World Showcase Lagoon. Allein dafür lohnt sich ein Anstehen um die besten Plätze an den Bootsstegen in der Future World.

Hinter den Leinwandkulissen

Die **Disney's Hollywood Studios** 3 (351 South Studio Drive, Lake Buena Vista, tgl.

Mit dem Gleitschirm über die Golden Gate Bridge – Epcot macht es möglich

9–20 Uhr, je nach Saison und Tag bis 21 Uhr) sind der dritte gigantische Disney Park in Orlando. Die 1868 gegründeten Filmstudios gewähren Blicke hinter die Kulissen von hier gedrehten Kinofilmen und TV-Shows. ›Actiongeladen‹ präsentiert sich die exzellente Live Stunt Show *Indiana Jones Epic Stunt Spectacular!* mit Szenen aus den bekannten Kinofilmen. *The Twilight Zone Tower of Terror* schockiert mit einem originellen freien Aufzugfall, der unterwegs kurze haarsträubende Blicke ins Freie eröffnet. Gleich nebenan braust die Achterbahn *Rock'n'Roller Coaster Starring Aerosmith* mit Drehungen, Loopings und Rockmusikuntermalung durch den Himmel. ›Bitte anschnallen!‹ heißt es auch zum intergalaktischen Flug bei *Star Tours – The Adventures Continue*, einem Flugsimulator nach ›Star Wars‹-Vorbild. Aufregend sind auch die mutigen Stunts mit Autos, Motorrädern und Jetskies, die in *Lights, Motors, Action! Extreme Stunt Show* zu sehen sind. In knapp 40 Min. wird von Beinahe-Zusammenstößen, wilden Verfolgungsjagden und einer abschließenden Pyroshow alles geboten, was das Herz von Action-Fans höher schlagen lässt – eine tolle Darbietung! Ruhiger dagegen führt der dreidimensionale Film *Muppet Vision 3-D* im wahrsten Sinne des Wortes mitten in die Muppet Show. Zum krönenden Abschluss setzt sich Mickey abends in der pyrotechnischen Laser- und Lichtshow *Fantasmic!* glanzvoll gegen Bösewichte durch.

Wasserwelten und Fabelwesen

Nicht weit davon lockt **Disney's Blizzard Beach** 4 (tgl. 10–17 Uhr, im Hochsommer 9–20 Uhr, ab Nov. geschlossen), ein als Skiort konzipierter Wasserpark, mit zahlreichen *Wasserrutschen*, *Bobschlittenbahnen* und – bizarr oder nicht – sogar *Skiliften*. Überhaupt wurde Disney World von Anfang an ständig um neue Attraktionen erweitert. **Disney's Animal Kingdom** 5 (551 Rainforest Road, Lake Buena Vista, tgl. 9–17 Uhr, im Hochsommer bis 19 Uhr) etwa ist kein klassischer Zoo, sondern ein disneytypischer Vergnügungspark mit Tieren als Leitmotiv. Gleich hinter dem Eingang unter dem 44 m hohen (synthetischen) Lebensbaum mit 325 eingeschnitzen Tieren präsentiert *It's Tough to be a Bug* eine ungewöhnliche 3-D-Animation mit Riesenkäfern. Noch aufwendiger produziert ist *Dinosaur*, eine faszinierende Zeitreise, die per Bewegungssimulator in die Epoche der Dinosaurier führt. Dem Herrscher des Tierreichs ist das *Festival of the Lion King* gewidmet, eine bunte Bühnenshow, die auf dem Film ›König der Löwen‹ basiert. Klassischen Zoo-Charakter dagegen vermittelt *Kilimanjaro Safaris*. Die Geländewagenfahrt vorbei an Elefanten, Giraffen und Löwen endet mit der Verfolgung von Wilddieben. Genauso durchgerüttelt und garantiert nass wird man in den *Kali River Rapids* bei einer Schlauchboottour durch den asiatischen Regenwald. Spektakulärste Attraktion ist sicherlich die *Expedition Everest*: Eine lange Achterbahnfahrt führt vor- und rückwärts durch einen 60 m hohen, künstlich angelegten Berg, eine Begegnung mit dem Yeti eingeschlossen.

Im Nordosten des großen Areals bietet **Disney's Typhoon Lagoon** 6 (tgl. 10–17, Hochsaison 9–20 Uhr) einen Wasserpark in Gestalt einer von tropischen Pflanzen umgebenen Lagune, mit dem größten Wellenbad der Region. Hier reizt neben

Ein spritziges Vergnügen – mit eindrucksvoller Choreographie sorgt die Delfinshow Blue Horizons für Begeisterung in der SeaWorld

spritzigen Wasserrutschen auch das Schwimmen mit (harmlosen) Haien im Shark Reef. Zum Tagesende lockt nicht weit davon **Downtown Disney** 7, ein kleines Kunststädtchen mit Geschäften, dem Zirkus ›Cirque du Soleil‹ (www.cirquedusoleil.com/lanouba), Kinos und Restaurants.

TOP TIPP Als einer der Publikumsfavoriten unter den Parks gilt **SeaWorld** 8, (7007 Sea World Drive, I-4 Ausfahrt 71, Tel. 888/800 54 47, www.seaworld.com/orlando, tgl. 9–18 Uhr, im Sommer länger), ein exzellenter Meereszoo mit mehreren Achterbahnen im Vergnügungsareal. Einer der Höhepunkte ist die mit Audio- und Videountermalung aufgeführte Schwertwal-Show *One Ocean* von Orcas im Shamu Stadium. Bei den spritzigen Showeinlagen werden die Zuschauer in den vorderen Reihen garantiert nass. Die großartige Delfinshow *Blue Horizons* im Dolphin Theater glänzt mit ausdrucksstarker Choreografie. Eine Sensation ist das Füttern und Berühren der Delfine und Stachelrochen in **Dolphin Cove** oder **Stingray Lagoon**. Spezielle Fütterungszeiten sind angeschlagen, dann wird portionsweise Fisch verkauft. Man kann jederzeit die Hände ins Wasser halten, doch ohne den leckeren Fischsnack schwimmen die Tiere immer nur knapp

Reiche der Fantasie

Walt Disney (1901–66) eröffnete seinen ersten Vergnügungspark 1955 im Großraum Los Angeles – eine verblüffende Neuheit für Amerika und ein sofortiger Erfolg. Als rasant wachsender, größter Besuchermagnet Kaliforniens fehlte **Disneyland** schnell der Platz für Erweiterungen, nur ein Bruchteil der Übernachtungsgäste konnte beherbergt werden. Sehr zu Disneys Missfallen verdienten im nahen Umkreis Restaurants und Hotels kräftig mit – ein Faktum, das sich beim nächsten Vergnügungspark nicht wiederholen sollte.

Um Disney nach **Orlando** zu locken, gestanden ihm offizielle Seiten unbeschränkte Freiheiten bei der Erschließung des Landes zu. Spötter behaupteten zwar, ›Mister Mickey Mouse‹ verfüge über sein Gelände von immensen 122 km^2 mit der gleichen unbeschränkten Allmacht wie der Papst über den Vatikanstaat, aber auch sie mussten zugeben, dass ohne das milliardenschwere Engagement von **Disney World** die Region um Orlando eine vergessene ›Cowtown‹ geblieben wäre. Walt Disney, der große Initiator, erlebte die Eröffnung seines zweiten Parks (1971) jedoch nicht mehr, er verstarb 1966 im Alter von 65 Jahren in Kalifornien.

vorbei. Wagemutige steigen dann in eine der ultimativen Achterbahnen – die bis zu 100 km/h schnelle *Kraken* etwa dreht eine lang gezogene Spirale mit siebenfachem Looping, bei *Manta* saust man kopfüber bis fast ins Wasser hinein. All das übertrifft die Achterbahn *Mako* seit Sommer 2016, nach eigenen Angaben die längste (1451 m) und schnellste (bis zu 118 km/h) Achterbahn Floridas.

Nach einer Flugsimulator-Reise durch Eissturm und Gletscherspalten besteht Zugang zu **Wild Arctic**. Sehenswert sind die aus der Unterwasserperspektive betrachteten Eisbären, Belugawale und Walrosse. Ein ähnliches Thema hat auch die Fahrt bei **Antarctica**, die an den Südpol führt: Zum Schluss steht man bei Frosttemperaturen mitten im Pinguingehege – ein tolles Erlebnis. **Turtle Trek** nimmt Besucher mit auf die Reise einer Schildkröte als 3D-Erlebnis. Und in einem Glastunnel im Aquarium **Shark Encounter** wandert man durch ein riesiges Becken mit *Haien, Rochen, Barrakudas* und anderen Fischen aus der Tiefe der Ozeane.

Ebenfalls zu SeaWorld gehört **Aquatica** (5800 Water Play Way, Tel. 888/800 54 47, www.aquaticabyseaworld.com, tgl. 10–17, im Hochsommer länger). Einer der weltgrößten Wasserparks bietet zahlreiche rasante Rutschen und hat sich innerhalb kürzester Zeit zum Besuchermagneten entwickelt.

Im Südosten von Disney World, im Vorort *Lake Buena Vista*, beginnt der **International Drive**, der nordwärts Richtung Downtown führt. Er ist die kommerzielle Hauptschlagader von Orlando, gesäumt von unzähligen Hotels, Motels und Restaurants aller Preisklassen, Einkaufspassagen sowie dem Entertainmentkomplex *Pointe Orlando* (9101 International Drive, Tel. 407/248 28 38, www.pointeorlando.com) mit über 40 Restaurants, Bars, Attraktionen.

2015 eröffnete mit dem **Orlando Eye** 9 (8401 International Drive, Tel. 866/228 64 38, www.officialorlandoeye.com, So–Do 10–22 Uhr, Fr, Sa 10–24 Uhr) eine neue Top-Attraktion Orlandos. Von dem 130 m hohen Riesenrad aus betrachtet man (nach Londoner Vorbild) die Stadt aus der Vogelperspektive.

Am nördlichen Ende des Straßenzuges liegt **Wet 'n Wild** 10 (6200 International Drive, I-4 Ausfahrt 75A, Tel. 800/992 94 53, www.wetnwildorlando.com, tgl. 10–17, Ende Juni–Mitte Aug. tgl. 9.30–21 Uhr), ein Wasserpark mit enormen Rutschen, Stürzen im fast freien Fall, Wellenschwimmbad und Wasserskianlage.

Mehr als 8 Mio. Menschen besuchen jährlich den riesigen Vergnügungspark **Universal Orlando** (6000 Universal Blvd., I-4, Ausfahrt 74 B oder 75 A, Tel. 407/363 80 00, www.universalorlando.com), deutlich mehr als die Universal Studios in Hollywood. Er grenzt an

Tipps und Tricks für Disney-Trips

Ererbt von den britischen Vorfahren oder nicht – Amerikas Disneyfans ertragen einstündige **Warteschlangen** ohne Murren und Knurren. Doch mit geschickter Planung lässt sich vieles stressfreier gestalten:

- Seit den späten 90er-Jahren kann man in Disneys Themenparks für ausgewählte Attraktionen Zeitfenster buchen, um langes Schlangestehen zu vermeiden. In Disney World Florida kommt dafür das moderne System **FastPass+** zum Einsatz: Wer sich auf Disneys Internetseite nach dem Kauf einer Eintrittskarte registriert, kann online oder über eine App Zeitfenster für Fahrgeschäfte buchen. Eine Buchung am selben Tag vor Ort ist auch über stationäre Automaten möglich. Informationen unter www.disneyworld.disney.go.com.
- Die Hochsaison der Vergnügungsparks liegt zwischen Weihnachten und Neujahr, um Ostern und in den Sommerferien von Juni bis August. Daher bieten sich als ideale **Reisezeit** mit erträglichem Besucheraufkommen Termine zwischen Ostern und Mai sowie September bis Mitte November an.
- Frühe **Ankunft** lohnt sich. In den betriebsamen Stunden von 11 bis 14 Uhr empfiehlt sich eine **Mittagspause**, Restaurantplätze werden zentral unter Tel. 407/939 19 47 reserviert. Am späten **Nachmittag**, wenn die Energiereserven vieler Besucher erschöpft sind, reduzieren sich die Wartezeiten erheblich.
- Wenn sich Zuschauer zu **spektakulären Shows** wie den Umzügen im Magic Kingdom anstellen, ist es im Rest der Parks deutlich ruhiger.

Harry Potter zaubert jetzt in Florida: Hogwarts in den Universal Studios Orlando

Universal's Islands of Adventure sowie das Einkaufs- und Restaurantareal Universal CityWalk. Die **Universal Studios Florida** 11 (tgl. 9–19, im Sommer bis 22 Uhr) kombinieren unglaublich vielfältig und technisch perfekt Filmkulissen mit der vergnüglichen und unterhaltsamen Präsentation spannender Geschichten. Stein für Stein wurden hier Straßenzüge von Hollywood, San Francisco und New York detailgetreu nachgebaut, so gut, dass sich Kopie und Original von Weitem kaum unterscheiden lassen.

Die Studios bestehen aus sieben Arealen. Das neueste, ›The Wizarding World of Harry Potter – Diagon Alley‹, ist sehr detailverliebt Harry Potter gewidmet. Alles erinnert an seine Erlebnisse, mit der Achterbahnfahrt *Harry Potter and the Escape from Gringotts* als Höhepunkt. Der Hogwarts Express verbindet mit der zweiten großen Harry-Potter-Erlebniswelt in den *Islands of Adventure* [s. S. 90].

Im Production Central-Areal erwartet den Besucher im *Hollywood Rip Ride Rockit* die in den Studios mit Abstand wildeste, schnellste und höchste Achterbahnfahrt mit rasanten Loopings. Die Züge erreichen Geschwindigkeiten von bis zu 105 km/h. Eine weitere aufregende Achterbahnfahrt ist *Revenge of the Mummy* im New York-Areal. Hervorragende Spezialeffekte lassen bei der Reise durch ägyptisches Ambiente Feuerbälle und Mumien an einem vorbeisausen. Wer danach noch nicht genug durchgeschüttelt ist, kann sich nebenan in *Twister … Ride It Out* einem simulierten Tornado aussetzen.

In San Francisco kann man in *Disaster* einen Katastrophenfilm am eigenen Leib erleben. In einem sich bewegenden U-Bahnwaggon spürt und sieht man die Auswirkungen eines Erdbebens der Stärke 8,3 auf der Richterskala. Ein weiterer Bereich nennt sich World Expo. Hier stellt einen *Men in Black: Alien Attack* vor die schwierige Aufgabe, New York City mit einer Laserpistole vor einer Alieninvasion zu bewahren. Bei *The Simpsons Ride* fährt man mit einem Simulator ins Krustyland, einen Cartoon-Vergnügungspark mit den Simpsonsfiguren.

Im Hollywood-Bereich zieht das dreidimensionale Cyber-Abenteuer *Terminator 2: 3-D* mit Filmausschnitten und Live-Einlagen die Zuschauer in seinen Bann. Nebenan, im Production Central genannten Areal, läuft *Shrek 4-D*, ein durch Spezialeffekte angereicherter, visuell ausgezeichnet inszenierter 3-D-Trickfilm mit den liebenswerten Figuren des oscarprämierten Kinoerfolgs und seiner Fortsetzungen. Abends bildet ›*Universal's Cinematic Spectacular*‹ mit Musikuntermalung, Wasserfontänen und Feuerwerk den krönenden Abschluss.

Die sechs um einen See mit exotischer Küstenlinie liegenden Areale des Vergnügungsparks **Universal's Islands of Adventure** ⓬ (tgl. 9–19, im Sommer bis 22 Uhr) faszinieren durch ihre spannenden Attraktionen, die dank modernster Technologie zu den besten Orlandos gehören. Hier kann man auch die *The Wizarding World of Harry Potter – Hogsmeade* besuchen. Höhepunkt ist sicherlich der Rundgang durch Hogwarts in *Harry Potter and the Forbidden Journey*, bei dem die Besucher einen Blick in die Klassenzimmer, Dumbledores Büro sowie den Gemeinschaftsraum von Gryffindor werfen können und dabei allerhand magischen Figuren begegnen. Aus den Hightech-Kulissen ragen die Achterbahnen heraus. Bei der *Dragon Challenge* scheinen sich die zwei Drachenbahnen an mehreren Stellen fast zu berühren. Und die grüne Bahn des *Incredible Hulk Coaster* beschleunigt rasant wie eine Rakete. Als weiterer Glanzpunkt saust bei den *Amazing Adventures of Spider-Man* ein aufregender 3-D-Bewegungssimulatorflug durch enge Häuserschluchten. Nebenan in *Doctor Doom's Fearfall* erlebt man 60 m im freien Fall.

Hungrigen Dinosauriern begegnet man bei einer Floßfahrt im *Jurassic Park River Adventure*. Für die jüngeren Besucher garantiert die vergnügliche Schlauchbootfahrt *Popeye & Bluto's Bilge-Rat Barges* eine Vollwäsche.

Mit Musik im Ohr – beim Spaziergang im **CityWalk** (tgl. 11–2 Uhr), einem modernen Entertainmentkomplex mit Live-Musik in vielen Restaurants, Nightclubs und den AMC Universal Cineplex IMAX Kinos (www.amctheatres.com). Außerdem präsentiert die *Blue Man Group* (www.blueman.com) hier ihre weltbekannte Show.

Ein ungleiches Paar – Alligator und Schildkröte im Gatorland in Orlando

Attraktionen in Downtown und Umgebung

Im Loch Haven Park in Downtown vermittelt das moderne **Orlando Science Center** ⓭ (777 East Princeton Street, I-4 Ausfahrt 85, Tel. 888/672 43 86, www.osc.org, tgl. 10–17, Fr, Sa bis 21 Uhr) auf anschauliche Weise naturwissenschaftliche Themen. So kann man hier z. B. Dinosaurierknochen untersuchen, die Flora Floridas studieren oder einen Hurrikan simulieren. Abgerundet wird das Angebot durch das *Crosby Observatory* (gelegentlich Beobachtung des Sternenhimmels) und *Dr. Phillips CineDome* mit Großkino. Auch fantastische *Laser Light Shows* gehören gelegentlich zum Repertoire.

Etwas weiter nördlich, am Lake Osceola, befindet sich das **Charles Hosmer Morse Museum of American Art** ⓮ (445 North Park Avenue, Winter Park, I-4 Ausfahrt 87, Tel. 407/645 53 11, www.morsemuseum.org, Di–Sa 9.30–16, So 13–16 Uhr), ein Kleinod mit ausgezeichneter Tiffany-Glas-Ausstellung und amerikanischer Kunst des 19. und frühen 20. Jh. Schöne Ausblicke auf das malerische Seeufer und auf gepflegte Villen inmitten von Gärten genießt man bei Bootsausflügen der **Scenic Boat Tour** ⓯ (312 East Morse Boulevard, Winter Park, I-4 Ausfahrt 87, Tel. 407/644 40 56, www.scenicboattours.com, Touren tgl. 10–16 Uhr). Die Kleinboote durchqueren seit 1938 (älteste Orlando-Attraktion) dicht bewachsene enge Kanäle zwischen drei Seen. Sie starten stündlich im Vorort Winter Park nördlich von Downtown Orlando.

Unterwegs nach Süden

Am anderen, südlichen Ende der Stadt liegt zwischen Orlando und Kissimmee **Gatorland** ⓰ (14501 South Orange Blossom Trail, Tel. 800/393 52 97, www.gatorland.com, Sommer tgl. 10–18 Uhr, sonst bis 17 Uhr), die Heimat hunderter *Amerikanischer Alligatoren* und *Krokodile*. Der Zoo der Panzerechsen besteht bereits seit 1949 und war schon vor Disney und Co. eine Attraktion in Orlando. Rund geht es bei den Fütterungszeiten der Alligatoren, der *Gator Jumparoo Show*, wenn die eigentlich gemächlichen Echsen nach Hühnern und anderem Futter aus dem trüben, grünen Wasser schnellen. In der *Gator Wrestlin' Show* stockt den Zu-

Nervenkitzel pur – der ›Incredible Hulk Coaster‹ im Universal Islands of Adventure

schauern der Atem, wenn ein auf dem Rücken eines Alligators sitzender Dompteur dem Tier das gefährlich zahnbewehrte Maul weit aufklappt. Und bei *Screamin' Gator Zip Line* geht es an einer Seilrutsche luftig über die Echsen hinweg. Eine kleine *Eisenbahn* umkreist das Gelände, ein Holzsteg schlängelt sich über den Köpfen dösender Alligatoren und Krokodile durch den Zypressensumpf zu einem *Aussichtsturm*. Im hauseigenen *Restaurant* serviert Gatorland als besondere Spezialität Alligatorenfleisch als ›Gator Nuggets‹.

Außerhalb von Orlando – Natur pur!

TOP TIPP Nicht weit nördlich von der Glitzerstadt liegt am **Wekiva River** die paradiesisch grüne Oase des **Wekiwa Springs State Park** (1800 Wekiwa Circle, Apopka, Tel. 407/884 20 09, www.floridastateparks.org/wekiwasprings, tgl. 8 Uhr bis Sonnenuntergang). Ein sehr schönes Naturerlebnis ist ein bedächtiger *Kanutrip* auf dem von überhängenden Baumkronen beschatteten Fluss, an dessen Ufern sich Alligatoren, Schildkröten und Schlangen in der Sonne wärmen. Der populärste Abschnitt führt vom State Park zu *Katie's Landing* (I-4 Ausfahrt 101 auf SR 46). Dabei ist der Abschnitt von Katie's Landing weiter flussabwärts zur etwa 10 km entfernten Mündung in den St. Johns River ebenso empfehlenswert. Kanus kann man bei *Nature Adventures* (1800 Wekiwa Circle, Tel. 407/884 43 11, www.canoewekiva.com, tgl. 9–17 Uhr) leihen. Am Wochenende sollte man die

Kanutour sowie den beliebten Badeplatz an den Wekiva-Flussquellen im State Park (I-4 Ausfahrt 92 auf SR 436) aufgrund des großen Andrangs möglichst meiden.

Ein populäres sommerliches Badeparadies ist rund 50 km nördlich von Orlando der naturschöne **Blue Spring State Park** (2100 W. French Ave., Orange City, I-4 Ausfahrt 114, Tel. 386/775 36 63, www.floridastateparks.org/bluespring, tgl. 8 Uhr bis Sonnenuntergang). Mitte November bis März suchen Seekühe das stets 22 °C warme Quellwasser des Parks als Winterquartier auf und sorgen so für eine zusätzliche Attraktion. Übernachten kann man in komfortablen *Blockhütten* (Tel. 800/326 35 21, www.reserveamerica.com).

50 Min. südöstlich von Orlando über den Hwy 441 erreicht man **Forever Florida** (4755 N. Kenansville Road, St. Cloud, Tel. 866/854 38 37, www.foreverflorida.com) zu dem u.a. die **Crescent C Ranch** (Reiten, Vieh treiben) und ein **Zipline-Park** (tgl. 9–17 Uhr) gehören. Letzterer bietet je nach Präferenzen zwei Optionen: das ›Zipline Adventure‹ verspricht Seilrutschspaß an 7 Standard-Ziplines, das ›Thrill Pack‹ hingegen 3 Extrem-Fahrten für Adrenalinsüchtige.

i Praktische Hinweise

Information

Official Visitor Information Center, 8723 International Drive (I-4 Ausfahrt 74), Suite 101, Orlando, Tel. 800/972 33 04, www.visitorlando.com

Dinnershows

Pirates Dinner Adventure, 6400 Carrier Drive, I- 4 Exit 74A, Tel. 800/866 24 69, www.piratesdinneradventure.com/orlando. Kampf auf einem großen Piratenschiff um eine entführte Braut mit viel Publikumsbeteiligung.

Medieval Times Dinner & Tournament, 4510 West Vine Street, Kissimmee, Tel. 866/543 96 37, www.medievaltimes.com/orlando. Funkensprühende Ritterkämpfe. Die Zuschauer feuern ›ihre‹ Reiter lautstark, gegessen wird wie weiland ohne Besteck.

Einkaufen

TOP TIPP **Orlando International Premium Outlets**, 4951 International Drive (I-4 Ausfahrt 75A), Orlando, Tel. 407/352 96 00, www.premiumoutlets.com, Mo–Sa 10–23, So 10–21 Uhr. Größter Direktverkauf der Region in 180 Geschäften. In netter Atmosphäre finden Shoppingfreunde alles, was das Herz begehrt.

Hotels

Zum Disney World Komplex gehören 30 Hotels unterschiedlicher Kategorien. Zentralbuchung: Tel. 407/939 19 36 oder www.disneyworld.disney.go.com/resorts.

*******Waldorf Astoria Orlando**, 14200 Bonnet Creek Resort Lane, Orlando, Tel. 407/597 55 00, www.waldorfastoriaorlando.com. Luxushotel neben Disney World (Pendelbus) mit dem Orlando Golf Resort und großem Spa.

******Hyatt Regency Orlando**, 9801 International Drive, Orlando, Tel. 407/284 12 34, www.orlando.regency.hyatt.com. Alteingesessenes Luxushotel am Convention Center.

*****Hapimag Orlando – Lake Berkley Resort**, 1010 Park Ridge Circle, Kissimmee, Tel. 407/390 90 83, www.orlando-hapimag.com. Weitläufige Anlage aus 100 großen komfortablen Ferienhäusern.

*****The Courtyard at Lake Lucerne**, 211 North Lucerne Circle East, Tel. 407/648 51 88, www.orlandohistoricinn.com. Vier herrschaftliche Häuser um einen schönen Innenhof östlich von Downtown nahe Lake Lucerne.

*****Thurston House Bed & Breakfast**, 851 Lake Avenue (I-4 Ausfahrt 88), Maitland, Tel. 800/843 27 21, www.thurstonhouse.com. Viktorianische Frühstückspension von 1885 in ruhiger Seelage, 8 km nördl. von Downtown Orlando.

Restaurants

Café Tu Tu Tango, 8625 International Drive (I-4 Ausfahrt 74A), Orlando, Tel. 407/248 22 22, www.cafetututango.com. Tapas, Paellas und Entertainment in einem lebhaften Café.

Enzo's on the Lake, 1130 South Highway 17/92 (I-4 Ausfahrt 94), Longwood, Tel. 407/834 98 72, www.enzos.com. Feine italienische Spezialitäten in charmantem Ambiente mit Seeblick. Gute Weinkarte.

30 Lake Wales

Zwischen Orangenhainen, botanischen Gärten und grünen Sümpfen.

Abseits vom großen Tourismusgeschäft Orlandos liegt um **Lake Wales** die bedeutendste Zitrusfrüchte produzierende Region Floridas. Das Städtchen selbst hat an Sehenswürdigkeiten wenig zu bieten. Aber etwa 5 km nördlich befinden sich die **Bok Tower Gardens** (1151 Tower Boulevard, CR 17-A, Tel. 863/676 14 08, www.boktowergardens.org, tgl. 8–18 Uhr). In dem botanischen Garten ragt auf dem höchsten Punkt der Halbinsel Florida ein Glockenturm aus rosafarbenem und grauem Granit auf. Die 60 *Bronzeglocken* erklingen täglich um 13 und 15 Uhr zu einem Konzert, ansonsten halbstündlich zu kürzeren Glockenspielen. *Wanderwege* führen durch eine Vielfalt exotischer und einheimischer Pflanzen.

Etwa 12 km weiter eröffnete 2011 in Cypress Gardens am Ostufer des Lake Eloise das **Legoland Florida** (1 Legoland Way, Winter Haven, Tel. 877/350 53 46, www.florida.legoland.com, tgl. 10–17, im Hochsommer bis 19 Uhr). Auf halbem Weg zwischen Tampa und Orlando bieten hier zehn Themen-Landschaften und zahlreiche Fahrgeschäfte in legotypischem Design Freizeitspaß vor allem für 6- bis 12-Jährige. Extra Eintritt kostet der angegliederte **Legoland Water Park** (Ende Mai–Anfang Sept. tgl. 10.30–17, im Hochsommer bis 18 Uhr).

Rund 50 km südlich von Lake Wales liegt der **Highlands Hammock State Park** (5931 Hammock Road, Sebring, Tel. 863/386 60 94, www.floridastateparks.org/highlandshammock, tgl. 8 Uhr bis Sonnenuntergang), eines der schönsten Naturareale Floridas, ein Kleinod mit neun kurzen Wanderwegen. Höhepunkt ist der faszinierende *Cypress Swamp Trail* durch einen Zypressensumpf beiderseits des *Charlie Bowlegs Creek*, ein vorzüglicher Platz zur Alligatorenbeobachtung. An der Ranger Station kann man Fahrräder ausleihen, die 5 km lange Rundstraße durch den Park bietet sich als Tour an.

Einheimische und exotische Pflanzen bezaubern die Besucher in den Bok Tower Gardens

31 Ocala

Weite saftige Weiden, sprudelnde Quellen und elegante Pferde.

Die von sanft gewölbten Hügeln geprägte Landschaft um Ocala weist rund 400 Gestüte auf. Sie nimmt damit neben Lexington/Kentucky den führenden Rang in der nordamerikanischen Vollblutzucht ein. Hier wie dort begrenzen charakteristische weiße Zäune die weiten Weiden der Gestüte, auf denen ›Kentucky bluegrass‹ wächst, ein bläulich schimmerndes, saftiges Wiesenrispengras.

Am östlichen Stadtrand ist in einem weißen Gebäude aus Travertin-Marmor das bemerkenswerte **Appleton Museum of Art** (4333 East Silver Springs Boulevard, Tel. 352/291 44 55, www.appletonmuseum.org, Di–Sa 10–17, So 12–17 Uhr) untergebracht. Die Kollektionen – u. a. europäische und amerikanische Gemälde und Skulpturen sowie präkolumbische, asiatische, islamische und westafrikanische Kunstgegenstände – stammen aus dem Fundus des Industriellen und Pferdezüchters *Arthur Appleton*.

Eine Touristenattraktion seit dem späten 19. Jh. sind die **Silver Springs** im gleichnamigen State Park (5656 East Silver Springs Boulevard, Tel. 352/261 58 40, www.silversprings.com, tgl. 9 Uhr bis Sonnenuntergang). Aus einer der größten artesischen Quellen Floridas sprudeln hier knapp 16 000 l/Sek. allein durch den Druck des Grundwassers aus der Tiefe des Kalksteins empor und fließen in den zypressengesäumten Silver River. In dieser Idylle entstanden in den 1930er-Jahren u. a. Szenen von sechs Tarzanfilmen mit Johnny Weissmüller. Bei den Fahrten mit dem *Glasbodenboot* (Dauer 30 Min., tgl. 10–18 Uhr) über die Quellen blickt man in glasklare Tiefen. Weitere Angebote sind Kanu-, Kajak- und Fahrradverleih. Zum Naturpark gehört auch der Wasservergnügungspark **Wild Waters** (5656 East Silver Springs Boulevard, Tel. 352/877 22 67, Juni–Mitte Aug. tgl. 10–16 Uhr, bis Anf. Sept. nur Sa/So geöffnet) mit diversen Riesenrutschen und großem Wellenpool.

Im **Don Garlits Museum of Drag Racing** (13700 Southwest 16th Avenue, Tel. 877/271 32 78, www.garlits.com, tgl. 9–17 Uhr) südlich der Stadt präsentiert *Big Daddy* Don Garlits, erfolgreichster Dragsterfahrer aller Zeiten, knapp 300 Autos, darunter viele Dragster, u. a. auch sein Weltrekordauto, mit dem er 519 km/h fuhr. Dragster müssen auf einer Viertelmeile (402 m) aus dem Stand heraus maximal beschleunigen.

i Praktische Hinweise

Information

Ocala/Marion County Visitors & Convention Bureau, 112 North Magnolia Avenue, Ocala, Tel. 888/356 22 52, www.ocalamarion.com

Pferdestärken unter der Haube gilt es im Don Garlits Museum of Drag Racing zu bewundern

Pferdeland: Die Ocala-Region ist berühmt für saftige Weiden und große Gestüte

32 Ocala National Forest

Natur naturbelassen: in den Wäldern von Florida.

Der Ocala National Forest zwischen Ocklawaha River und St. Johns River weicht weit von den herkömmlichen palmen- und strandbestimmten Florida-Vorstellungen ab. In dem subtropisch beeinflussten, mit Sümpfen, Seen und Flüssen durchsetzten Kiefern- und Eichenwald gedeihen Palmen, liegen versprenkelt Prärien und grüne Weiden. Hier finden noch *Alligatoren* und *Schildkröten, Weißkopfseeadler* und *Schwarzbären* einen Lebensraum. Nicht zuletzt für Menschen sehr attraktiv sind die 22 °C warmen kristallklaren Quellen, ideale und an Wochenenden oft stark frequentierte Reviere zum Baden und Schnorcheln.

Das von subtropischer, üppiger Vegetation umgebene Becken der **Juniper Springs Recreation Area** (26701 SR 40, www.juniper-springs.com) 40 km östlich von Ocala bietet eine eindrucksvolle Kulisse zum Schwimmen und Schnorcheln. Im Park beginnt der glasklare *Juniper Creek,* der sich 11 km weit per Kanu (Mietkanu, Tel. 352/625 28 08) befahren lässt. Dem gewundenen Flussufer folgt ein 1 km langer, schmaler Pfad, dessen Verlauf auch die naturbelassenen, unscheinbareren *Fern Hammock Springs* berührt.

Ebenfalls ein beliebtes Ziel ist die **Alexander Springs Recreation Area** (49525 CR 445, Altoona). Entlang des *Alexander Springs Creek* führt der 2 km lange *Timucuan Indian Trail* durch den einst von indigenen Amerikanern bewohnten Wald. Mit dem Kanu (Mietkanu, Tel. 352/669 35 22) kann man bequem die ersten zwölf Bachkilometer entlangpaddeln, eine der schönsten Kanutouren Floridas.

Die **Silver Glen Springs** (SR 19 zwischen SR 40 und CR 314) besitzen einen populären Badestrand neben blubbernden Quellen. Der kurze Abfluss mündet ebenso in den *Lake George* wie die wunderbar ›durchsichtigen‹ Quellen der **Salt Springs** (SR 19 an der Einmündung der CR 314).

Quer durch lichten Kiefernwald passiert ein 3 km langer Rundweg das **Lake Eaton Sinkhole** (FR 79, südlich der CR 314), eine der in Florida häufig vorkommenden natürlichen Bodensenken, an deren windgeschützten, feuchten Steilwänden Bäume, Sträucher und Farne in üppiger Pracht gedeihen. In die 140 m breite und 25 m tiefe Senke führen Holztreppen.

Auch Reiten ist im Ocala National Forest möglich. Bei Altoona bietet die **Fiddler's Green Ranch** (42725 West Altoona Road, Tel. 800/947 26 24, www.fiddlersgreenranch.com) zweistündige Touren oder Tagesausritte an, auch für Anfänger. Zudem gibt es Ferienwohnungen und einen Campground.

i Praktische Hinweise

Information

Ocala National Forest, Pittman Visitor Center, 45621 State Road 19, Altoona, Tel. 352/669 74 95, www.fs.usda.gov/ocala

Unterkunft

Juniper und Alexander Springs Campgrounds, Tel. 877/444 67 77, www.recreation.gov

33 Gainesville

Universitätsstadt im Herzen Floridas.

Gainesville liegt in einer überwiegend landwirtschaftlich geprägten Region mit grünen Hügeln und Wäldern. Mit der *University of Florida* beheimatet die Stadt jedoch die älteste und größte Hochschule des Bundesstaates. Auf dem Campus ist das **Florida Museum of Natural History** (3215 Hull Road, Tel. 352/846 20 00, www.flmnh.ufl.edu, Mo–Sa 10–17, So 13–17 Uhr) in der Powell Hall sehenswert, das eine hervorragende Fossilienausstellung besitzt. Eine Besonderheit ist auch der *Butterfly Rainforest*, in dem zwischen tropischen Pflanzen 80 verschiedene Schmetterlingsarten frei umherflattern.

TOP TIPP Der **Devil's Millhopper Geological State Park** (4732 Millhopper Road, Tel. 352/955 20 08, www.floridastateparks.org/devilsmillhopper, Mi–So 9–17 Uhr) ist eine beeindruckende natürliche Bodensenke nordwestlich der Stadt. Ein knapp 1 km langer Wanderweg umrundet das 150 m breite Sinkhole, 232 Stufen führen 37 m tief hinunter. An den Steilwänden haben sich unter spürbar kühleren Bedingungen als in der Umgebung viele typische Pflanzen nördlicherer Regionen angesiedelt.

Ausflüge

Der *Paynes Prairie Preserve State Park* (100 Savannah Boulevard, Micanopy, Tel. 352/466 33 97, www.floridastateparks.org/paynesprairie, tgl. 8 Uhr bis Sonnenuntergang) liegt 16 km südlich von Gainesville. An der Camp Ranch Road im Norden des Parks beginnt der *La Chua Trail*. Der 2,5 km lange Wanderweg zu einem Aussichtsturm bietet schöne Ausblicke über Seen und Marsche.

Eindrucksvolle Einblicke in die Landschaft des Parks ermöglicht auch der **Gainesville-Hawthorne State Trail** (Boulware Springs Trail Head an der SE 15th Street in Gainesville). Der 26 km lange, asphaltierte Radweg führt auf einem Seitenstrang der ehem. Eisenbahnstrecke zwischen Fernandina Beach und Cedar Key meist parallel zur SR 20 nach *Hawthorne* südöstlich von Gainesville.

Im **O'Leno State Park** (410 Southeast Oleno Park Road, High Springs, Tel. 386/454 18 53, www.floridastateparks.org/oleno, tgl. 8 Uhr bis Sonnenuntergang)

Von Angesicht zu Angesicht mit Dinoskeletten im Florida Museum of National History

Gewagte Konstruktion – Hängebrücke im O'Leno State Park

50 km nordwestlich von Gainesville überspannt eine leicht schwankende *Hängebrücke* aus den 1930er-Jahren den verträumten *Santa Fe River*, der dem Suwannee River zufließt. Über ihn neigt sich ein dichtes Laubdach, von den Bäumen hängt bärtiges, graues Spanisches Moos. Ein Naturphänomen ist das Verschwinden des Flusses, der erst nach fünf unterirdischen Kilometern wieder auftaucht. Der 2,5 km lange *River Sink Trail* führt als Rundweg zu den Stegen und Aussichtspunkten, an denen der Santa Fe River schäumend und gurgelnd in einen Pool strömt, um dann in seine subterranen Verbindungswege zu verschwinden. Dagegen wandert man auf dem *River Rise Trail* (8 km) gewissermaßen auf dem natürlichen ›Dach des Flusses‹ zu der Stelle, an der er in der *River Rise State Preserve* wieder an das Tageslicht tritt.

i Praktische Hinweise

Information

Alachua County Visitors & Convention Bureau, 30 East University Avenue, Gainesville, Tel. 866/778 50 02, www.visitgainesville.com

Hotel

*****Sweetwater Branch Inn**, 625 East University Avenue, Gainesville, Tel. 800/595 77 60, www.sweetwaterinn.com. Stilvolles Bed & Breakfast in zwei viktorianischen Gebäuden von 1885, umgeben von einem schönen großen Garten.

Nördliche Atlantikküste – Urlaub zwischen Himmel und Erde, modernster Technik und ältester Stadt

Im legendären **Kennedy Space Center** kann man modernste Raketentechnologie und historische Raumschiffe aus nächster Nähe betrachten. Weiter nördlich wurden auf dem kompakten Sandstrand der Motorsporthochburg **Daytona Beach** einst etliche Geschwindigkeitsweltrekorde aufgestellt. Heute dürfen Autos am populärsten Strand Floridas nur noch im Schritttempo fahren. Eine andere Geschichte schrieb **St. Augustine**, die älteste durchgehend bewohnte Stadt der USA. Ihre hübsch restaurierte Altstadt bietet mediterranes Ambiente aus spanischer Kolonialzeit.

34 Kennedy Space Center

TOP TIPP *Totaler Techniktrip: der Weltraumbahnhof der USA.*

Vom NASA-Gelände an Floridas Atlantikküste starteten alle bemannten Raumflüge der USA. An der *Cape Canaveral Air Force Station* begannen die Mercury- und Gemini-Missionen sowie Apollo 7 ihre Reisen ins All. Einige Kilometer nordwestlich, von Cape Canaveral durch den Banana River getrennt, liegt *Merritt Island,* das Zentrum des Kennedy Space Center. Von dort starteten alle weiteren Apollos und die Space Shuttles. Mit der letzten Landung des Space Shuttles *Atlantis* am 21. Juli 2011 setzte eine neue Raumfahrt-Ära ein, mit dem Ziel einer bemannten Marslandung in den 2030er-Jahren mit Orion-Raumschiffen.

Die Geschichte der bemannten Raumfahrt dokumentiert der ausgezeichnete **Kennedy Space Center Visitor Complex**. Originale Mercury- und Geminikapseln, in denen die Weltraumpioniere ins All flogen, werden gezeigt. Außerdem stellt die NASA in *Journey to Mars: Explorers Wanted* in einer halbstündigen Show ihre Zukunftsprojekte vor und zwei Kinos präsentieren IMAX Riesenleinwandfilme. Im *Rocket Garden* stehen acht originale Raketen aus den frühen Jahren der

Mit Raketen auf Tuchfühlung im Rocket Garden des Kennedy Space Center

Raumfahrt. Nebenan präsentiert *Early Space Explorations* Exponate der Gemini- und Mercury-Missionen, darunter originale Kontroll-Konsolen. Im *Shuttle Launch Experience* kann man die beim Start eines Space Shuttles auftretenden Kräfte am eigenen Leib nachempfinden. Seit Juli 2013 ist eine weitere Attraktion im Visitor Complex zu bestaunen: In einer eigens gebauten, 6000 m² großen Halle hat das Space Shuttle *Atlantis* nach seiner letzten Mission eine neue Heimat gefunden.

Das schwarze, Ehrfurcht gebietende **Astronaut Memorial** erinnert an die Opfer der amerikanischen Weltraummissionen. 1967 kam die dreiköpfige Crew von ›Apollo 1‹ bei einem Brand auf der Startrampe ums Leben, 1986 starben die sieben Besatzungsmitglieder der Raumfähre ›Challenger‹ bei einer Explosion nach dem Start. Im Februar 2003 kamen weitere sieben Astronauten ums Leben, als das Shuttle ›Columbia‹ beim Landeanflug auseinanderbrach. Da sich der *Space Mirror*, eine 13 m hohe Granittafel, auf der die Namen der Toten eingraviert sind, mit dem Sonnenstand bewegt, werden die Namen stets von ihrem Licht erleuchtet.

Nur im Rahmen einer Tour mit dem Bus ist das **NASA-Gelände** dem Publikum zugänglich. Neben speziellen geführten Touren gibt es die *KSC General Bus Tour*, eine Hop-on-hop-off-Linie. Diese Standardfahrt (tgl. ab 10 Uhr alle 15 Min., Dauer ca. 2,5 Std.) führt über die nun stillgelegten *Startrampen* der Space Shuttles (Launch Complex 39, Launch Pads A und B), vorbei am riesigen *Vehicle Assembly Building*, einer der größten Hallen der Welt, in der die Space Shuttles montiert wurden. Dann halten die Besucher am *Apollo/Saturn V Center*. Dort befindet sich eine 111 m lange, originale Saturn-V-Rakete, die 1968–72 neunmal

zum Mond flog, jeweils mit einem Startgewicht von mehr als 3000 t und Spitzengeschwindigkeiten von 40 000 km/h. Die Ausstellung zeigt außerdem eine Mondfähre und die dreisitzige Kommandokapsel, deren Hitzeschild Temperaturen von über 2800 °C verträgt und die als einziger Teil der Apollo-Mission zur Erde zurückkehrte. Filme über den letzten Countdown und interaktive Ausstellungen runden das attraktive Angebot ab. Am KSC Visitor Complex startet auch die Bustour ›Cape Canaveral: Then and Now‹. Mit ihr gelangt man u.a. zum *Air Force Space and Missile Museum* (191 Museum Circle, www.afspacemuseum.org), das Exponate zur Geschichte der amerikanischen Raumfahrt zeigt.

Zum Kennedy Space Center gehört auch die gut 9 km westlich des Besucherzentrums gelegene **U. S. Astronaut Hall of Fame** (6225 Vectorspace Boulevard, Titusville, tgl. 12–17 Uhr). Die Ruhmeshalle der Raumfahrer beschäftigt sich insbesondere mit den Mercury-, Gemini- und Apollo-Astronauten, den Raumfahrern der ersten Generation. Interessant ist vor allem eine originale *Mercury-Kapsel*.

Das Tor zum Weltraum

Der ›Sputnik-Schock‹ erschütterte das Selbstbewusstsein der USA bis ins Mark, hatte doch die Sowjetunion in den 1950er-Jahren gleich zweimal die Nase vorn: 1957 hob **Sputnik** als erster künstlicher Erdsatellit ab und 1959 fotografierte **Lunik** als erstes die Rückseite des Mondes. Zügig wurde nun gehandelt, 1958 die **NASA** (www.nasa.gov) gegründet, und bereits 1961 versprach Präsident John F. Kennedy, dass noch im gleichen Jahrzehnt ein Amerikaner auf dem Mond stehen würde.

Beim Kampf um die nationale Ehre wurden immense Finanzmittel in das Raumfahrtprogramm investiert, die als Raketentestgelände genutzte **Cape Canaveral Air Force Station** zügig ausgebaut. Aber zunächst verzeichnete das russische Programm die meisten Erfolge. 1961 umkreiste **Juri Gagarin** als erster Mensch die Erde in einer Raumkapsel. Nur ein Jahr später drehte **John Glenn** als erster US-Astronaut in einer einsitzigen Mercury-Kapsel seine Runde. Dieser folgten die zweisitzigen Gemini-Kapseln und die dreisitzigen Apollo-Kapseln mit den 111 m hohen Saturn-V-Trägerraketen. Schnell hatten die Amerikaner die Sowjetunion bei dem Rennen um den ersten Mann auf dem Mond überholt, auch mit tatkräftiger Hilfe deutscher Wissenschaftler. **Wernher von Braun**, im Zweiten Weltkrieg technischer Leiter der Heeresversuchsanstalt in Peenemünde, war an der Entwicklung der Saturn-Raketen beteiligt.

1969 betraten die Astronauten **Neil Armstrong** und **Edwin Aldrin** als Besatzung von ›Apollo 11‹ den Mond. Waren bemannte Mondlandungen anfangs noch Medienereignisse ersten Ranges, ließ die Euphorie schnell nach. Bereits nach der sechsten Mondlandung 1972 wurde das prestigeträchtige, aber extrem kostspielige Programm aufgegeben.

Mit dem Start der Raumfähre **Columbia** 1981 begann die Abkehr von den ›Wegwerfraketen‹ der ersten Generation hin zu wiederverwendbaren Raumtransportern, von denen insgesamt aber nur fünf gebaut wurden. Seit den Explosionen von Challenger und Columbia verschärfte die NASA zudem ihre Sicherheitsrichtlinien so sehr, dass Starts nur noch mit enormem Aufwand möglich waren. Die verbliebenen Space Shuttles Atlantis, Discovery und Endeavour kamen zudem schnell in die Jahre. Deshalb beendete die NASA ihr Shuttle-Programm mit der Landung der Atlantis am 21. Juli 2011 nach 135 Flügen.

Derzeit verfügen allein China und Russland über eine eigenständige bemannte Raumfahrt. Deshalb fliegen US-amerikanische Astronauten als Passagiere von russischen Sojus-Raumschiffen zur Internationalen Weltraumstadion ISS.

Es scheint, als hänge das Prestige der Nation 60 Jahre nach dem Sputnik-Schock nicht mehr von ihrer Fähigkeit ab, Menschen selbstständig in den Himmel zu schießen. Stattdessen plant der Präsident, mit Orion-Raumschiffen in den 2030er-Jahren einen bemannten Mars-Flug zu realisieren. Zudem sollen künftig auch private Unternehmen Raumschiffe entwickeln und auf diese Weise den NASA-Finanzhaushalt aufbessern.

Kilometerlang erstrecken sich die unberührten Strände an der Canaveral National Seashore

Praktische Hinweise

Information

Kennedy Space Center Visitor Complex, Tel. 866/737 52 35, www.kennedyspacecenter.com, tgl. 9–18 Uhr, zur Hochsaison bis 19 Uhr.

Hotel

***Best Western Space Shuttle Inn**, 3455 Cheney Highway (SR 50), Titusville, Tel. 800/523 76 54, www.bwspaceshuttleinn.com. Best-Western-Standard, das dazugehörige Durango Steak House serviert Südstaatenküche (Tel. 321/264 24 99, www.durangostitusville.com).

Restaurant

Dixie Crossroads Seafood Restaurant, 1475 Garden Street, Titusville, Tel. 321/268 50 00, www.dixiecrossroads.com. Sehr gute und günstige Fisch- und Meerestiergerichte .

35 Canaveral National Seashore

Fantastische Vogelparadiese im Schatten der Raketen.

Entlang der Atlantikküste Floridas bilden die fast 40 km der Canaveral National Seashore das am wenigsten von der Zivilisation berührte Stück Land. Das Naturschutzgebiet nördlich der Abschussrampen des Kennedy Space Center liegt an einer Zugvogelroute und ist für jegliche kommerzielle Nutzung gesperrt.

Auf den lang gestreckten Nehrungsinseln liegen wunderschöne *Strände*, im Norden an der SR A1A der **Apollo Beach** (Zufahrt ab New Smyrna Beach), im Süden am Ende der SR 402 der **Playalinda Beach** (Zufahrt ab Titusville). Dazwischen erstrecken sich knapp 20 km lange Dünen und Sandstrände. Apollo Beach und Playalinda Beach besitzen – für Florida absolut ungewöhnlich – an ihren entlegenen Ufern je einen inoffiziellen *Nacktbadestrand*.

TOP TIPP

Ausflug

Südlich der Canaveral National Seashore breitet sich in einer Salzmarsch auf dem Areal des Kennedy Space Center das **Merritt Island National Wildlife Refuge** (Tel. 321/861 56 01, www.fws.gov/merrittisland, tgl. Sonnenauf- bis Sonnenuntergang) aus. Das Visitor Information Center, SR 402, liegt auf dem Weg zur Canaveral National Seashore. Zwischen Oktober und März ist in diesem Schutzgebiet die beste Zeit für Vogelbeobachtungen. Die schönste Tour durch das Gelände führt ab der SR 406 über den 11 km langen *Black Point Wildlife Drive*. Er nutzt einen der alten Deiche, die einst zur Eindämmung der Mückenschwärme im Sommer angelegt worden waren, um die Brutstätten der Insekten zu überfluten. Dadurch hatte sich jedoch das ökologische System von einer Salzmarsch zu offenen seichten Teichen verwandelt, daher werden die Deiche nun wieder geöffnet. Sie eignen sich ideal für kurze

Spaziergänge, in den Teichen lassen sich oft *Alligatoren* beobachten.

Praktische Hinweise

Information

Canaveral National Seashore Park Headquarters, 212 South Washington Avenue, Titusville, Tel. 321/267 1110, www.nps.gov/cana

Wechselwarm und schutzbedürftig

Der **Alligator mississippiensis** ist das größte Reptil Nordamerikas. Männliche Exemplare erreichen bis zu 5,80 m Länge, Weibchen maximal 2 m. Da die Wechselblüter ihre Körpertemperatur der Umgebungswärme anpassen, liegen sie insbesondere an kühleren Tagen bei Sonnenschein fotogen an den Uferböschungen.

Im regenreichen **Sommer** verziehen sich die Alligatoren weit in das überschwemmte Hinterland. Sobald die Wassermassen im trockenen **Winter** abfließen, müssen die Echsen mit Kanälen und Seen vorliebnehmen. Oft graben sich Alligatoren tiefe Löcher, die ihnen, mit Wasser gefüllt, einen angenehmen Winteraufenthalt bescheren. Und auch für andere Tiere ist das Wasser des ›Gator hole‹ lebenswichtig. Zur **Paarungszeit** im April und Mai ertönt das heisere ›Bellen‹ der Alligatoren. Etwa Mitte Juni legt das Weibchen in einem mit Blättern und Schlamm aufgeschütteten Nest 20–60 ledrige Eier, woraus nach zwei Monaten der Nachwuchs schlüpft. Anfang der 1970er-Jahre war der Alligatorenbestand durch hemmungslose Jagd stark geschrumpft. Mittlerweile sind die Riesenechsen dank strikter **Schutzmaßnahmen** wieder im ganzen Südosten der USA heimisch, sogar eine kontrollierte Jagd ist erlaubt.

Oft werden Mississippi-Alligator und **Spitzkrokodil** (Crocodylus acutus) verwechselt, doch handelt es sich um zwei verschiedene Tierarten. Der Alligator weist eine breite, gerundete Schnauze auf, während das Spitzkrokodil spitzmäulig ist. Im Gegensatz zum süßwasserliebenden Alligator lebt das bedrohte Krokodil im Salzwasser der äußersten Florida Bay im Everglades National Park [s. S. 54].

36 Daytona Beach

Strand der Eitelkeiten: schöner Sand, rasende Autos, blitzende Motorräder.

Daytona Beach ist weltweit bekannt für seinen 37 km langen und bei Ebbe 150 m breiten, harten Sandstrand, der auf 26 km gemäß alter Tradition mit Autos (an fünf verschiedenen Abschnitten, tgl. 8–19 Uhr) befahren werden darf, wenn auch heutzutage nur im Spaziertempo. Wo heute Jungs und Mädels auf Badetüchern in direkter Sichtweite der Autokolonnen liegen und Strandwanderer, Jogger sowie Radfahrer das Verkehrsaufkommen vervollständigen, erreichten Rennfahrpioniere seit dem frühen 20. Jh. Geschwindigkeitsrekorde, zuletzt 1935 *Sir Malcolm Campbell* mit 445 km/h. Er trieb seinen ›Bluebird V‹ mithilfe von Flugzeugmotoren zu diesem letzten offiziellen Strandrekord an. Seit 1959 finden die Rennen im **Daytona International Speedway** (1801 West International Speedway Boulevard, Tel. 800/748 74 67, www.daytonainternationalspeedway.com) östlich der I-95 statt. Floridas größte Sportarena mit einem Innenfeld, den Boxen und seinen um 31 Grad extrem überhöhten Kurven bildet ein insgesamt 4 km langes Hochgeschwindigkeitsoval. Busse befahren dieses legendärste Motodrom der USA in der halbstündigen *Speedway Tour* (tgl. 11.30–16 Uhr). Zum *Daytona 500*, dem berühmtesten NASCAR-Rennen der Welt Ende Februar, sind im näheren Umkreis alle Hotelzimmer belegt. Auch während der **Bike Week** (www.officialbikeweek.com) Mitte März, einem zehntägigen Motorradtreffen, das speziell Harley Davidson Fans anzieht, sind so gut wie alle Betten vergeben. Ähnliches gilt für das viertägige **Biketoberfest** (www.biketoberfest.org) mit Zehntausenden von Motorradfahrern Mitte Oktober und während des *Spring Break*, der Ferienzeit der Collegestudenten vor Ostern.

Rund 300 m weit erstreckt sich von der Strandpromenade der **Main Street Pier** ins Meer, ganz im Stil der Seebäder im Osten der USA ausgestattet, mit Gondel, Restaurant, Aussichtsturm und Vergnügungsarkaden. Davor herrscht an der langen Küstenstraße SR A1A stets reges Treiben und ein turbulentes Nachtleben in Discos, Klubs und Bars. Beiderseits der Pier verkehrt der nostalgische *A1A Beachside Trolley* (www.votran.org, Jan.–Labour Day Mo–Sa 12–24, So 7–18 Uhr) entlang

Viel Blech – in Daytona Beach gehören Autos zum Strandvergnügen dazu

der Küste zwischen Ormond Beach und Daytona Beach Shores.

Das **Museum of Arts and Sciences** (352 South Nova Road, Tel. 386/255 02 85, www.moas.org, Mo–Sa 10–17, So 11–17 Uhr) vereint mehrere Sammlungen unter seinem Dach. Neben einem Überblick zur Vor- und Frühgeschichte Floridas sind auch Kunstwerke aus Afrika, China und den USA zu sehen, Masken, Porzellan, Möbel und Gemälde. Besonders hochkarätig ist die Kollektion *kubanischer Kunst* aus der Sammlung des kubanischen Diktators *Fulgencio Batista* (1901–73), der in Daytona Beach ein Haus hatte. Nicht ganz in das Haus scheinen die mehr als 800 Teddybären zu passen, die ebenfalls hier ausgestellt sind.

Am Südende des Strandes ragt der rote, 1887 errichtete **Ponce de Leon Inlet Lighthouse** (4931 South Peninsula Drive, Ponce Inlet, Tel. 386/761 18 21, www.ponceinlet.org, tgl. 10–18, Ende Mai–Anf. Sept. tgl. 10–21 Uhr) 53 m hoch auf. Vom Leuchtturm bietet sich nach 203 Stufen ein *Panoramablick* auf Daytona Beach – besonders schön am Spätnachmittag. Die weiß getünchten Häuschen am Fuße des Turms beherbergen eine Dokumentation zur Leuchtturmrestauration sowie sehenswerte maritim-historische Wechselausstellungen. Im nahen, zugehörigen *Davies Lighthouse Park* führt ein Plankenweg zur Landspitze und zum **Marine Science Center** (100 Lighthouse Drive, Tel. 386/304 55 45, www.marinesciencecenter.com, Di–Sa 10–16, So 12–16 Uhr) mit einem Seeschildkröten-Rehabilitationszentrum und Korallenriff-Aquarium.

Ausflüge

Ein schöner Abstecher ins Landesinnere führt zum idyllischen **De Leon Springs State Park** (601 Ponce de Leon Boulevard, De Leon Springs, Tel. 386/985 42 12, www.floridastateparks.org/deleonsprings, tgl. 8 Uhr bis Sonnenuntergang) 35 km westlich von Daytona Beach. Erfrischung von der Sommerhitze Floridas bietet ein Bad im 22 °C warmen Quellwasser. Der Park verfügt über einen Paddelboot-, Kajak- und Kanuverleih sowie ein Restaurant.

45 km nördlich von Daytona Beach liegt der **Washington Oaks Gardens State Park** (6400 North Oceanshore Boulevard, Palm Coast, Tel. 386/446 67 80, www.floridastateparks.org/washingtonoaks, tgl. 8 Uhr bis Sonnenuntergang). Hier erstreckt sich auf einem breiten Landstreifen zwischen Matanzas River und dem teils felsdurchsetzten Atlantiksandstrand ein herrlicher parkähnlicher Garten mit einheimischen und exotischen Pflanzen.

i Praktische Hinweise

Information

Daytona Beach Visitors Center, 126 East Orange Avenue, Daytona Beach, Tel. 386/255 04 15, www.daytonabeach.com

Hotels

*****Bahama House**, 2001 South Atlantic Avenue, Daytona Beach, Tel. 888/687 18 94, www.daytonabahamahouse.com. Hotel am Atlantikstrand südlich der Pier mit hübsch eingerichteten Zimmern, meist mit Küche.

*****Daytona Beach Resort & Conference Center**, 2700 N Atlantic Avenue, Daytona Beach, Tel. 877/644 32 39, www.daytonabeachresort.com. Große Ferienanlage mit gemütlichen Zimmern. Direkt am Sandstrand nördlich von Downtown Richtung Ormond Beach.

Restaurants

Down the Hatch, 4894 Front Street, Ponce Inlet, Tel. 386/761 48 31, www.down-the-hatch-seafood.com. Seit 1975 traditionelle Fischgerichte mit Blick auf den Halifax River nahe des Ponce de Leon Inlet Lighthouse.

TOP TIPP **Old Spanish Sugar Mill**, Grill and Griddle House, 601 Ponce de Leon Boulevard, De Leon Springs, Tel. 386/985 56 44, www.oldspanishsugarmill.com. Rustikales Lokal in historischer Zuckermühle im De Leon Springs State Park. Auf Tischkochplatten können sich die Gäste Pfannkuchen in vielen Varianten selber zubereiten (tgl. 9–16 Uhr).

The Ocean Deck Restaurant & Beach Club, 127 South Ocean Avenue, Daytona Beach, Tel. 386/253 52 24. Am Sandstrand südlich der Pier, seit über 40 Jahren gibt es hier Fischgerichte und Live-Musik.

37 St. Augustine

Gnadenlos geschichtsträchtig: in den ältesten Gassen der USA.

St. Augustine hinterlässt den Eindruck einer kleinen mediterranen Stadt, allerdings ohne entsprechendes Nachtleben. Enge Straßen durchziehen die heimelige Altstadt, deren gut erhaltene Architektur nur wenig mit moderner Bausubstanz durchsetzt ist.

An der Küste des heutigen St. Augustine ging *Juan Ponce de León* 1513 als erster Europäer in Florida an Land. Seit 1565 ist St. Augustine permanent bewohnt, keine Stadt der heutigen USA blickt auf eine ähnlich lange Siedlungsgeschichte zurück. Sie musste allerdings wegen ihrer strategischen Bedeutung immer wieder Angriffe seitens der Engländer überstehen, erstmals 1586, als die Flotte von *Sir Francis Drake* die Stadt zerstörte. Im 17. Jh. erbauten die Spanier das Castillo de San Marcos, dessen Mauern allen Eroberungsversuchen trotzten und der Stadt eine dominierende Rolle in Florida bescherten. Erst 1824 mit der Gründung Tallahassees als neuer Hauptstadt verlor St. Augustine an Bedeutung.

Umgeben von Wassergräben und Wällen liegt am Rande der Altstadt das aus Muschelgestein erbaute **Castillo de San Marcos** (1 South Castillo Drive, Tel. 904/829 65 06, www.nps.gov/casa, tgl. 8.45–17.15 Uhr). In jeder der vier Ecken des 1695 fertiggestellten, symmetrischen Forts befindet sich eine mit Kanonen bestückte, diamantförmige Bastion – typisch für europäische Befestigungsanlagen und

Feuer frei – Kanonen auf den Bastionen des Castillo de San Marcos von St. Augustine

einzigartig für Florida. Von den Mauern hat man eine prächtige *Aussicht* auf die Altstadt und die Matanzas Bay. An den Wochenenden (Fr–So 10.30–15.30 Uhr) findet fünfmal täglich eine Demonstration historischer Waffen aus der Kolonialzeit statt, vorgeführt von zeitgenössisch gekleideten ›Soldaten‹.

Auch alle weiteren Sehenswürdigkeiten der Altstadt lassen sich hervorragend zu Fuß, mit nostalgischen Trolley-Bussen oder per Kutsche (ab Castillo) erkunden. Touristisches Herzstück ist die kopfsteingepflasterte Fußgängerzone **St. George Street** mit dem Stadttor am nördlichen Ende. An die Schultage Mitte des 18. Jh. erinnert das einstöckige, hölzerne **Oldest Wooden Schoolhouse** (14 St. George Street, Tel. 888/6537245, www.oldestwoodenschoolhouse.com, tgl. 9–18 Uhr). Im Freilichtmuseum **Colonial Quarter** (33 St. George Street, Tel. 904/3422857, www.colonialquarter.com, tgl. 10–18 Uhr) präsentieren sich ein paar Schritte weiter Gebäude und andere Relikte aus dem 16.–18. Jh. Den zeitgenössisch gekleideten ›Bewohnern‹ kann man bei Handwerksvorführungen zuschauen. Vom Wachtturm der Anlage bietet sich ein schöner Blick über Castillo und Küste.

An der Ecke zur King Street widmet sich das **Government House Museum**

An der St. George Street stehen historische Gebäude aus der Zeit der spanischen Besiedlung

(48 King Street, Tel. 904/823 22 12, www.staugustine.ufl.edu/govHouse.html, tgl. 10–17 Uhr) der städtischen Geschichte von der Siedlungszeit der indigenen Bevölkerung bis zum Ende des 19. Jh.

Südlich der King Street liegt im **Oldest House Museum Complex** (14 Saint Francis Street, Tel. 904/824 28 72, www.saintaugustinehistoricalsociety.org, tgl. 10–17 Uhr) das *González-Alvarez House*. Die Grundmauern des ältesten Gebäudes aus spanischer Kolonialzeit stammen aus dem beginnenden 18. Jh. Zum Komplex gehören zudem ein schöner Garten und eine Galerie, in der Wechselausstellungen zu unterschiedlichen Themen stattfinden.

1887 erbaute der Eisenbahnmagnat Henry Flagler das exklusive ›Hotel Alcazar‹ für Winterurlauber aus dem Norden, doch mit der zunehmenden Erschließung Südfloridas zogen auch die Touristen weiter nach Süden und das Hotel verlor seine Bedeutung. 1948 gründete der Chicagoer Zeitschriftenverleger *Otto C. Lightner* in dem Gebäude ein Museum mit Antiquitäten, Musikinstrumenten und Glaskunst, das heutige **Lightner Museum** (75 King Street, Tel. 904/824 28 74, www.lightnermuseum.org, tgl. 9–17 Uhr). Auf der gegenüberliegenden Straßenseite erhebt sich das 1888 ebenfalls von Henry Flagler als ›Hotel Ponce de Leon‹ eröffnete prachtvolle **Flagler College** (74 King Street, Tel. 800/304 42 08, www.flagler.edu), an dem Betriebswirtschaft und Geisteswissenschaften gelehrt werden.

Aus dem Jahr 1874 stammt das **St. Augustine Lighthouse** (100 Red Cox Road, 2 km südlich von St. Augustine, Tel. 904/829 07 45, www.staugustinelighthouse.com, tgl. 9–18 Uhr). Vom 50 m hohen *Aussichtsdeck* bietet sich ein weiter Blick über Strand und Ort. Auf der gegenüberliegenden Seite der SR A1A sind in der **St. Augustine Alligator Farm** (999 Anastasia Blvd., Tel. 904/824 33 37, www.alligatorfarm.com, tgl. 9–17, im Hochsommer bis 18 Uhr) mehrere Krokodilarten zu Hause, die in ihren Algenteichen und in *Reptilien- und Alligatorenshows* zu sehen sind. Südlich der Farm geht es zum populären **Anastasia State Park** (300 Anastasia Park Road, Tel. 904/461 20 33, www.floridastateparks.org/anastasia, tgl. 8 Uhr bis Sonnenuntergang). Er liegt am Nordostzipfel von Anastasia Island und besticht mit einem 7 km langen, breiten Atlantikstrand. Man kann das Schutzgebiet schön mit dem Fahrrad erkunden, Verleih bei *Island Beach Camp Store* im Park (Tel. 904/461 93 22).

In entgegengesetzter Richtung, 10 km nordwestlich von St. Augustine, erreicht man das **World Golf Village** (1 World Golf Place, Tel. 904/940 40 00, www.wgv.com, Mo–Sa 10–18, So 12–18 Uhr). Hier werden in der *World Golf Hall of Fame* die weltbesten Golfer geehrt und die Geschichte des Sports dargestellt (mit IMAX-Kino).

i Praktische Hinweise

Information

St. Augustine, Ponte Vedra & The Beaches Visitors & Convention Bureau, 29 Old Mission Ave., St. Augustine, Tel. 800/653 24 89, www.floridashistoriccoast.com

Bootstouren

St. Augustine Eco Tours, 111 Avenida Menendez, Tel. 904/377 72 45, www.staugustineecotours.com. Einzigartige Touren um Flora und Fauna zu erkunden, entweder per Motorboot oder per Kajak.

Einkaufen

St. Augustine Premium Outlets, 2700 State Road 16, St. Augustine, Tel. 904/825 15 55, www.premiumoutlets.com, Mo–Sa 9–21, So 10–18 Uhr. Direktverkauf ab Hersteller in 85 Geschäften.

Blick auf Jacksonvilles Skyline über den St. John's River vom Southbank Riverwalk aus

Hotels

******Agustin Inn***, 29 Cuna Street, St. Augustine, Tel. 800/2487846, www.agustininn.com. Bed & Breakfast in der Altstadt mit hübschen, geräumigen Zimmern mit Whirlpool-Bad.

*****Old Powder House Inn**, 38 Cordova Street, St. Augustine, Tel. 904/8244149, www.oldpowderhouse.com. Komfortables Bed & Breakfast in der Altstadt, eingerichtet in romantischem Landhausstil mit großer Veranda.

Restaurant

Salt Water Cowboy's, 299 Dondanville Road, St. Augustine, Tel. 904/4712332, www.saltwatercowboys.com. Alligator und Fisch, frisch und gut, serviert in legerer Atmosphäre.

38 Jacksonville

Ein Bild von einer Stadt: Nordostfloridas Metropole am St. Johns River.

Am Springbrunnen des **Friendship Park** beginnt die blumengeschmückte Uferpromenade. Mit der geschwungenen *Main Street Bridge* im Vordergrund bietet der *Southbank Riverwalk* ein schönes Panorama der Skyline von Downtown Jacksonville, die sich am gegenüberliegenden Ufer des St. Johns River erhebt. Auf der dortigen Flussseite passsiert der *Northbank Riverwalk* **Jacksonville Landing** (2 W Independent Drive, Tel. 904/3531188, www.jacksonvillelanding.com, Mo–Do 10–20, Fr/Sa 10–21, So 12–17.30 Uhr), einen Entertainmentkomplex mit rund 40 Geschäften und Restaurants. Weiter flussaufwärts liegt das **Cummer Museum of Art and Gardens** (829 Riverside Avenue, Tel. 904/3566857, www.cummermuseum.org, Di 10–21, Mi–Sa 10–16, So 12–16 Uhr). Das ausgezeichnete Kunstmuseum präsentiert Exponate aus der Zeit vom 2. Jt. v. Chr. bis in die Gegenwart, mit dem Schwerpunkt *Meißener Porzellan*. Bis zum Fluss erstrecken sich von englischen und italienischen Vorbildern inspirierte Gärten.

Die **Anheuser-Busch Brewery** (111 Busch Drive, Tel. 904/6968373, www.budweisertours.com, tgl. 10–16 Uhr) nördlich des Trout River gehört zum weltgrößten Brauereikonzern. Führungen erläutern die Bierherstellung, zwischendurch kann man Proben der unterschiedlichen Biersorten kosten.

Auf dem Weg zum populären **Jacksonville Beach** bietet sich ein Stop im **Fort Caroline National Memorial** (12713

Fort Caroline Road, Tel. 904/6417155, www.nps.gov/timu, tgl. 9–17 Uhr) am St. Johns River an. Der originalgetreue Nachbau steht an derselben Stelle wie das 1565 von den Spaniern zerstörte französische Fort. Am Jacksonville Beach bietet der Vergnügungspark **Adventure Landing** (1944 Beach Boulevard, Tel. 904/2464386, www.adventurelanding.com, So–Do 10–24, Fr, Sa 10–1 Uhr, im Winter kürzer) u. a. Minigolf und Gokart-Fahrten, im Sommer lockt zudem der *Shipwreck Island Waterpark* (Ende Mai–Aug. tgl. 10–20, sonst Sa/So 10–18 Uhr) zum Badevergnügen.

Ausflüge

Entlang der SR A1A Richtung Amelia Island trifft man nördlich des St. Johns River zunächst auf den dünengesäumten **Huguenot Memorial Park**, (10980 Heckscher Drive, Tel. 904/2513335, April–Okt. tgl. 8–20, sonst tgl. 8–18 Uhr), in dem Autos am Strand erlaubt sind.

Mit einem exzellenten, 8 km langen Strand und hübschen Wegen durch Salzmarsch, Sanddünen und Wald schließt sich nördlich daran der **Little Talbot Island State Park** (12157 Heckscher Drive, Tel. 904/2512320, www.floridastateparks.org/park/Little-Talbot-Island, tgl. 8 Uhr bis Sonnenuntergang) an, Heimat von Flussottern, Marschhasen, Rotluchsen und zahlreichen Vogelarten. Die gesamte Nehrungsinsel steht unter Naturschutz, doch ist in den Salzmarschen im Westen Angeln und Kanufahren erlaubt.

Etwas landeinwärts liegt auf St. George Island die **Kingsley Plantation** (11676 Palmetto Avenue, Tel. 904/2513537, www.nps.gov/timu, tgl. 9–17 Uhr), die zum *Timucuan Ecological and Historic Preserve* gehört. Das Anwesen war einst eine Großplantage mit Sklavenhaltung, wie sie bis zum Ausbruch des Amerikanischen Bürgerkriegs 1861 auch in Nordflorida zahlreich zu finden waren. 1814 hatte Zephaniah Kingsley die Plantage übernommen und baute hier mit bis zu 60 Sklaven Baumwolle, Indigo, Zitrusfrüchte und Zuckerrohr an. Frappierend wirkt noch heute der Unterschied zwischen dem vornehmen, 1798 erbauten *Herrenhaus* (zzt. wg. Restaurierung nur Sa/So 11 und 15 Uhr mit Voranmeldung zugänglich) und den kargen *Sklavenunterkünften*, die aus *Tabby* errichtet wurden, einem Zement aus Sand und Austernschalen.

In den Wind geschrieben

Amelia Island hat eine abwechslungsreiche Geschichte, von der die stattliche Zahl verschiedener Namen und Flaggen beredtes Zeugnis ablegt. Unter den Franzosen (1562–65), die das Eiland als erste Europäer betraten, hieß die Insel **Isle de Mai**. Unter spanischer Herrschaft (1565–1763 und 1783–1817) wurde sie **Santa Maria** genannt. Die Briten (1763–83) tauften sie **Egmont** nach dem 2nd Earl of Egmont. Ihren endgültigen Namen erhielt die Insel nach Amelia, der Tochter des britischen Königs George II.

1812/13 wehte bei einer Revolte die Flagge der **Patriots of Amelia Island**, 1817 eroberte der Schotte Sir Gregor MacGregor kurzfristig die Insel und hisste die Flagge des **Green Cross of Florida**. Er wurde abgelöst vom Piraten Luis Aury mit der **Mexican Rebel Flag**. Im selben Jahr noch marschierten US-Truppen ein. Offiziell weht seit 1821 daher das **Sternenbanner**, mit einer kurzen Unterbrechung 1861/62 im Amerikanischen Bürgerkrieg, als Südstaatentruppen die achte Herrscherflagge über der Insel hissten.

Praktische Hinweise

Information

Visitor Center (im Jacksonville Landing), 2 Independent Drive, Jacksonville, Tel. 800/7332668, www.visitjacksonville.com

Hotel

*****Indigo Jacksonville Deerwood Park**, 9840 Tapestry Park Circle, Jacksonville, Tel. 904/9967199, www.hoteldeerwoodpark.com. Attraktives Boutiquehotel in ruhiger Lage direkt am Seeufer im Tapestry Park.

Restaurant

The Blue Fish, 3551 St. Johns Avenue, Jacksonville, Tel. 904/3870700, www.bluefishjax.com. Elegantes Fischrestaurant mit hübschem Innenhof im noblen Vorort Avondale.

39 Amelia Island

Acht Flaggen über einer Insel.

Ein Kleinod unmittelbar südlich der Grenze zu Georgia ist Amelia Island. Floridas

Die Seele baumeln lassen – in Amelia Islands unberührter Natur ist das kein Problem

nördlichste Insel an der Atlantikküste besitzt zwischen Fort Clinch im Norden [s. u.] und **Amelia Island State Park** (Tel. 904/2512320, www.floridastateparks.org/park/Amelia-Island, tgl. 8 Uhr bis Sonnenuntergang) im Süden 20 km lange, durchgehende **Sandstrände**. Ein besonderes Erlebnis ist es, diese Strände auf dem Rücken von Pferden zu erkunden [s. u.].

1861 eröffnete die erste Eisenbahnstrecke quer durch Florida, die von Cedar Key [s. S. 81] nach **Fernandina Beach** verlief, einem kleinen Seebad am Nordzipfel von Amelia Island. Das Städtchen erlebte eine wirtschaftliche Blüte, doch als später auch der Süden des Landes per Bahn erreichbar wurde, versank es in Bedeutungslosigkeit. So konnte die *Altstadt* von Fernandina Beach mit ihren viktorianischen Häusern um die *Centre Street* das Flair des ausgehenden 19. Jh. bewahren. Gegenüber vom Visitor Center im Old Railroad Depot steht der *Palace Saloon* (117 Centre Street, Tel. 844/4412444, www.thepalacesaloon.com) von 1878, eine der ältesten Bars Floridas. Im nahen *Fischerhafen* ist das tägliche Einlaufen der Krabbenboote ein viel fotografierter Höhepunkt.

Seit 1847 trotzt an der Nordostküste von Amelia Island die mächtige Festung **Fort Clinch State Park** (2601 Atlantic Avenue, Tel. 904/2777274, www.floridastateparks.org/fortclinch, tgl. 8 Uhr bis Sonnenuntergang) den Stürmen. Im Sezessionskrieg wurde sie für kurze Zeit von der Südstaatenarmee erobert, doch bald nach den Kampfhandlungen wurde sie dann aufgegeben. Heute touren Zivilisten durch die gut erhaltene Anlage (tgl. 9–17 Uhr). In der *Parkinformation* werden interessante Ausstellungen zur Geschichte gezeigt.

i Praktische Hinweise

Information

Amelia Island Tourist Development Council, 102 Centre Street, Amelia Island, Tel. 904/2770717, www.ameliaisland.com

Sport

The Kelly Seahorse Ranch, Tel. 904/4915166, www.kellyranchinc.net. Ausritte auch für Anfänger im Amelia Island State Park.

Hotel

*****Hoyt House B & B**, 804 Atlantic Avenue, Amelia Island, Tel. 800/4322085, www.hoythouse.com. Edle zweistöckige viktorianische Frühstückspension von 1905 in der Altstadt.

Restaurant

David's Restaurant & Lounge, 802 Ash Street, Fernandina Beach, Tel. 904/3106049, www.ameliaislanddavids.com. Feines Seafood und hervorragende Steaks in elegantem Ambiente.

Panhandle – schneeweiße Sandstrände an Floridas ›Pfannenstiel‹

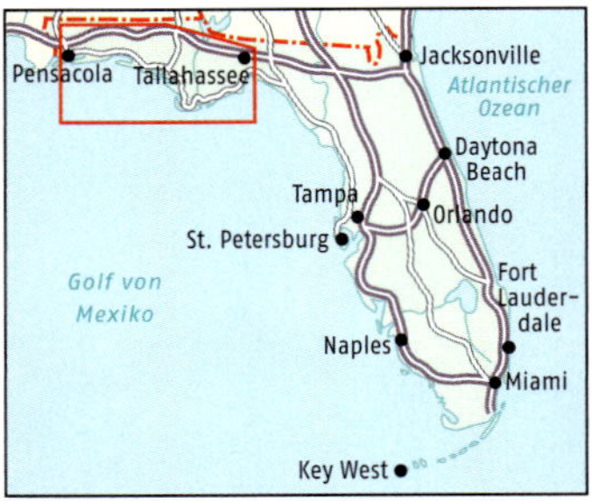

Die kilometerlangen reinen, weißen Quarzsandstrände der vielfach noch ganz ursprünglichen Nordwestküste zählen zu Recht zu den schönsten Küsten Floridas. Kulturell, klimatisch und geografisch lässt sich der touristisch weniger frequentierte Panhandle eher zu den Südstaaten als zum ›abgelegenen‹ Rest Floridas rechnen. Von ›hier oben‹ wacht die Staatshauptstadt **Tallahassee** über die Geschicke des Sunshine State. Schier endlose Muschelstrände sind das Markenzeichen von **St. George Island** und der **St. Joseph Peninsula**, weiß und fein wie Puderzucker locken die Strände von **Panama City Beach** und **Fort Walton Beach** an der Emerald Coast.

40 Tallahassee

Näher an den Südstaaten als an Südflorida: Floridas Hauptstadt spricht den Akzent des Alten Südens.

Floridas Hauptstadt Tallahassee breitet sich in den leicht hügeligen, seen- und sumpfreichen Red Hills aus. Sie liegt näher an New Orleans oder Atlanta als an Miami. 1824, drei Jahre nach der offiziellen Eingliederung Floridas in die USA, fand in Tallahassee, der mitten in der Wildnis auf halber Strecke zwischen Pensacola und St. Augustine neu gegründeten Hauptstadt des Bundesstaates, die erste Parlamentssitzung statt.

22 Stockwerke hoch blickt der Turmbau des **Florida State Capitol** (400 South Monroe Street) über die Stadt hinweg. Ganz oben gibt es eine öffentlich zugängliche *Aussichtsetage*, im West Plaza Entrance das *Florida Welcome Center* (Tel. 850/488 61 67, www.myfloridacapitol.com, Mo–Fr 8–17 Uhr, auch Führungen).

Im Schatten des modernen Regierungsgebäudes liegt das **Florida Historic Capitol** (400 South Monroe Street, Tel. 850/487 19 02, www.flhistoriccapitol.gov, Mo–Fr 9–16.30, Sa 10–16.30, So 12–16.30 Uhr) von 1845. Ansehnlich präsentiert sich Floridas ehemaliger Parlamentssitz mit rot-weiß-gestreiften Sonnenblenden im Erscheinungsbild von 1902. *Repräsentantenhaus, Senat* und *Gouverneurssuite* können besichtigt werden. Schräg gegenüber auf der anderen Seite der Monroe Street erinnern die 12 m hohen, granitenen *Zwillingstürme* mit über 2000 eingravierten Namen an aus Florida stammende Gefallene des Vietnamkriegs.

Westlich des Capitols stellt das nach Umbauten im Herbst 2015 neu eröffnete **Museum of Florida History** (500 South Bronough Street, Tel. 850/245 64 00, www.museumoffloridahistory.com, Mo–Fr 9–16.30, Sa 10–16.30, So 12–16.30 Uhr) archäologische und historische Artefakte aus verschiedenen Epochen Floridas aus. In dem Museum ist das aus den Wakulla Springs [s. S. 112] stammende Skelett eines 12 000 Jahre alten, knapp 3 m hohen Mastodons zu Hause.

Nordöstlich der City präsentiert das **Tallahassee Automobile Museum** (6800 Mahan Drive, Tel. 850/942 01 37, www.tacm.com, Mo–Fr 8–17, Sa 10–17, So 12–17 Uhr) eine Oldtimerausstellung.

Mehrere **Canopy Roads**, sogenannte Baldachinstraßen, strahlen fächerförmig von der Innenstadt aus. Mit grauem Spanischen Moos drapierte, alte Eichen beschatten die Alleen, das Licht fällt grün gefiltert auf den Boden – ein romantisches Spiel aus Licht und Schatten.

Am letzten Samstag im März zieht alljährlich das Springtime Tallahassee Festival mit tollem Straßenumzug über 200 000 Zuschauer an (www.springtime tallahassee.com).

Ausflüge

Auf einer dieser Canopy Roads, der Centerville Road, erreicht man 19 km nordöstlich von Tallahassee Downtown den **Bradley's Country Store** (10655 Centerville Road, Tel. 850/893 47 42, www.bradleyscountrystore.com, Mo–Fr 8.30–18, Sa 8.30–17, So 12.30–16.30 Uhr). Seit 1927 ist der Laden im Familienbesitz – ein der Zeit entrückter Platz, ideal für eine Pause. Noch immer wird hier die herzhafte *Country Sausage* hergestellt und verkauft.

Florida einmal anders heißt es auf dem **Tallahassee-St. Marks Historic Railroad State Trail** (Tel. 850/519 65 94, www.floridastateparks.org/tallahasseestmarks, tgl. 8 Uhr bis Sonnenuntergang). In den Jahren 1837–1984 wurden Baumwolle und andere Güter mit der Eisenbahn von Tallahassee zum Hafen St. Marks transportiert. Nach Umgestaltung der Strecke in einen asphaltierten, 26 km langen *Freizeitpfad* nutzen ihn nun Radfahrer, Skater und Jogger. Los geht's am Südrand von Tallahassee (4780 Woodville Highway). Fahrräder leihen kann man z. B. bei *The Great Bicycle Shop* (3624 Woodville Highway, Tallahassee, Tel. 850/402 05 45, www.greatbicycle.com).

Am Lake Hall (knapp nördlich der I-10) lohnen die prachtvollen Anlagen des **Alfred B. Maclay Gardens State Park** (3540 Thomasville Road = Highway 319, Tel. 850/487 45 56, www.floridastateparks.org/maclaygardens, tgl. 8 Uhr bis Sonnenuntergang, Botanischer Garten tgl. 9–17 Uhr) einen Besuch. Sie gehörten zum Landsitz eines New Yorker Geschäftsmannes, der sich ab 1923 der Aufzucht von Azaleen, Kamelien und Magnolien widmete. Die schönste Blütezeit ist von Januar bis April.

Östlich von Tallahassee liegt der **Suwannee River State Park** (3631 201st Path, Live Oak, via I-10, Ausfahrt 275, Tel. 386/362 27 46, www.floridastateparks.org/suw

Tradition und Moderne hübsch vereint – das Historic Capitol im Schatten des State Capitol

anneeriver, tgl. 8 Uhr bis Sonnenuntergang) an der Einmündung des Withlacoochee River in den aus Georgias Okefenokee-Sumpf kommenden Suwannee River. Eine 2 km lange Rundwanderung führt vom schattigen Picknickplatz über den *Suwannee River Trail* entlang des Flusses. Vom zypressenbestandenen Ufer aus sieht man bei Niedrigwasser kleine Quellen im Flussbett blubbern. Entlang des *Lime Sink Run* geht es von hier zurück zum Ausgangspunkt.

i Praktische Hinweise

Information

Visit Tallahassee, 106 East Jefferson Street, Tallahassee, Tel. 800/628 28 66, www.visittallahassee.com

Hotel

***__Governors Inn__, 209 South Adams Street, Tallahassee, Tel. 850/681 68 55, www.thegovinn.com. Gehobenes Boutiquehotel nahe dem State Capitol im Stadtzentrum mit individuell eingerichteten Zimmern.

Restaurant

Barnacle Bill's, 1830 North Monroe Street, Tallahassee, Tel. 850/385 87 34, www.barnaclebills.com. Fisch in allen Variationen: gegrillt, gedünstet oder geräuchert.

41 Wakulla Springs

Als Filmkulisse beliebt: Schon Tarzan badete in diesem Jungbrunnen.

Die phänomenale Quelle im *Edward Ball Wakulla Springs State Park* (465 Wakulla Park Drive, Tel. 850/561 72 76, www.floridastateparks.org/wakullasprings, tgl. 8 Uhr bis Sonnenuntergang) ist majestätisch in ihrer natürlichen Schönheit, ihrer Größe und ihrem Tierreichtum. Sie ist eine der größten Süßwasserquellen Floridas und stößt über 3600 l/Sek. konstant 21 °C warmes Wasser aus. Uralte, moosbehangene Bäume bilden die wie verwunschen wirkende Kulisse ringsum, hier sind Schlangenhalsvögel, Fisch- und Weißkopfseeadler sowie viele andere Vogelarten zu Hause. In den 1930er- und 1940er-Jahren diente die Gegend als Kulisse für einige *Tarzanfilme* mit Johnny Weissmüller.

Zu Floridas schönsten Bootsfahrten gehört die 50-minütige **River Boat Tour** (tgl. 9.30–17 Uhr) durch die üppige Natur, die Beobachtung von *Alligatoren* unterwegs ist auf dem Wakulla River fast immer möglich. Nicht umsonst warnen Schilder vor dem Schwimmen außerhalb des markierten, überwachten *Badebereiches*. Dort sind die Badegäste allerdings sicher, denn keine der sonnenhungrigen, trägen Pan-

TOP TIPP

Ruhe und Natur abseits der Großstadt bietet der Alfred B. Maclay Gardens State Park

Das St. George Island Lighthouse wacht über das idyllische Inselleben

zerechsen wird ihren idyllischen Ruheplatz freiwillig gegen den viel besuchten Strand eintauschen.

Weil das Wasser der Quelle recht trüb ist, ist der Blick durch den Schiffsrumpf bei einer **Glass Bottom Boat Tour** (tgl. 12–14 Uhr, ca. 1/2 Std.) in die Unterwasserwelt von Wakulla Springs oft unergiebig. Vom 30 m tiefen Grund der Quelle wurde übrigens auch das Skelett eines urzeitlichen *Mastodons* geborgen, das heute im Tallahassee Museum of Florida History [s. S. 110] aufbewahrt wird. Seit man 1850 die ersten dieser urzeitlichen Knochen auf dem Grund der Quellen entdeckte, wurden neun weitere Skelette gefunden.

Im **St. Marks National Wildlife Refuge** (1255 Lighthouse Road, Tel. 850/925 61 21, www.fws.gov/refuge/st_marks, tgl. Sonnenauf- bis Sonnenuntergang), einem Naturschutzgebiet an der Apalachee Bay südöstlich von Wakulla Springs, versammeln sich vor allem im Winter Wasservögel, im Herbst und Frühjahr Zugvögel. Das *Visitor Center* (Mo–Fr 8–16, Sa/So 10–17 Uhr) am Parkeingang vermittelt mit Ausstellungen und Videos einen Eindruck von der Parklandschaft und ihrer Flora und Fauna. Bekannt ist das Areal für seine kilometerlangen *Wanderwege*. Autostopps an der Parkstraße geben immer wieder Gelegenheit, auf den Deichen einen kurzen Spaziergang in die Wildnis zu unternehmen, in der sich zahlreiche Wasservögel, Alligatoren und andere Tiere des Marschlandes beobachten lassen. Die Parkstraße endet 11 km südlich des Visitor Center am 1832 erbauten *Leuchtturm,* dem markanten Wahrzeichen des Parks.

Von der nebenan gelegenen *Aussichtsplattform* kann man das Marschland überblicken, gegenüber bietet der ca. 500 m lange *Levee Trail* ebenfalls gute Möglichkeiten zur Vogelbeobachtung.

i Praktische Hinweise

Hotel

***__Wakulla Springs Lodge__**, 550 Wakulla Park Drive, Wakulla Springs, Tel. 850/421 20 00, www.wakullaspringslodge.com. Vom Eisenbahnmagnaten Edward Ball 1937 erbaute Lodge im spanisch inspirierten Stil mit 27 Zimmern, attraktiver Lobby und Restaurant.

42 St. George Island

TOP TIPP *Seliges Inselleben: Sommersonne und sandige Strände.*

Zuckerweiße, einsame Sandstrände erstrecken sich entlang der 47 km langen Nehrungsinsel, die an keiner Stelle breiter als 1,5 km ist. *Strandwandern, Muschelsammeln* und *Schwimmen* in der sachten Brandung sind hier die bevorzugten Beschäftigungen. Stetig treibt die warme Brise vom Golf die feinen Sandkörnchen der hohen Dünen in Richtung Inland. Im Mittelteil der Insel werden die Holzstege

Ein Paradies für Spaziergänger sind die Strände der St. Joseph Peninsula

zu den Aussichtsplattformen gelegentlich vom Sand ›überschwemmt‹.

Die Zufahrt auf die Insel über die für ihren Austernreichtum bekannte **Apalachicola Bay** führt über eine Dammstraße direkt zum markanten, 23 m hohen *St. George Lighthouse* (2 East Gulf Beach Drive, Tel. 850/9277745, www.stgeorgelight.org). Besonders im Frühjahr und im Herbst zeigen sich Zugvögel an den Frischwassertümpeln, Stränden, Salzmarschen und Wiesen der Insel. Die Hauptstraße endet nach 6 km im **St. George Island State Park** (1900 East Gulf Beach Drive, Tel. 850/9272111, www.floridastateparks.org/stgeorgeisland, tgl. 8 Uhr bis Sonnenuntergang). Feine *Sandstrände* im Naturschutzgebiet, das warme Wasser und die leichte Brandung laden zum Sonnenbaden und Schwimmen ein. Strandwege führen bis an die Inselspitze.

i Praktische Hinweise

Information

St. George Island Visitor Center (beim Leuchtturm), 2 A East Gulf Beach Drive, Tel. 850/9277744, www.seestgeorgeisland.com

Hotel

*****St. George Inn**, 135 Franklin Boulevard, St. George Island, Tel. 850/9272903, www.stgeorgeinn.com. Charmantes kleines Hotel mit zwei umlaufenden Veranden in der Nähe des Leuchtturms.

43 St. Joseph Peninsula

Rastplatz der Rastlosen: Wo man abzuschalten lernt.

Wie ein Arm legt sich die lange, rechtwinklig abgeknickte Halbinsel von Süden und Westen her um die St. Joseph Bay und schützt den dortigen Fischerhafen *Port St. Joe* vor dem Golf von Mexiko. Die knapp 30 km lange, aber nur 1 km breite St. Joseph Peninsula erweist sich als landschaftliches Kleinod mit eindrucksvollem Küstenstreifen. Auf der **Westseite** der Halbinsel nagen Wind und Wellen an den Stränden, aus dem Sand ragen einige Baumstümpfe hervor und erinnern an die Kraft der Erosion. So ist die abgelegene Golfküste ein einsames Paradies für

Strandwanderer und *Muschelsammler*. Gleichzeitig ist die Halbinsel ein ideales Revier für **Ornithologen**. Eine Vielzahl von Vögeln nistet den Sommer über an ihren Ufern, *Zugvögel* nutzen sie als Zwischenstation auf ihren Routen von Süd- nach Nordamerika. Im Herbst überqueren täglich Hunderte von *Habichten* die St. Joseph Peninsula. Die besten Beobachtungspunkte liegen am **Eagle Harbor** und an der Spitze der Halbinsel. Die Straße endet im **St. Joseph Peninsula State Park** (Tel. 850/227 13 27, www.floridastateparks.org/stjoseph, tgl. 8 Uhr bis Sonnenuntergang), der die Nordhälfte der Halbinsel einnimmt. Seine 15 km langen Sandstrände am Golf gehören zu den besten Floridas. Vom Parkeingang geht es nur zu Fuß durch Dünen und Marschen. 11 km weit führt der *Wanderpfad* bis zur Spitze der St. Joseph Peninsula.

i Praktische Hinweise

Unterkunft

St. Joseph Peninsula State Park, 8899 Cape San Blas Road, Port St. Joe, Tel. 800/326 35 21, www.reserveamerica.com. Campingplatz und sieben Blockhütten am Parkeingang.

44 Panama City Beach

Von der Sonne umschmeichelt, von den Menschen geliebt.

Den Besuchern der weißen *Strände* am smaragdgrünen Wasser des Golfs von Panama City Beach werden jede Menge Sport- und Freizeit- sowie tolle Shoppingmöglichkeiten geboten. In den fischreichen, flachen und warmen Küstengewässern kann man besonders gut Delfine beobachten. Die Emerald Coast [s. S. 117] und Panama City Beach sind die beiden touristischen Top-Destinationen an der Nordwestküste. Der Ort erstreckt sich entlang des 25 km langen Strandes. Angler sitzen auf der 480 m langen **Russel-Fields Pier** oder fahren mit Charterbooten aufs offene Meer. Auch *Tauchausflüge* zu den durch Schiffswracks gebildeten künstlichen Riffen vor der Küste sind beliebt. Anziehungspunkte für Groß und Klein sind außerdem der moderne **Pier Park** (600 Pier Park Drive, Tel. 850/236 99 79, www.simon.com/mall/pier-park, tgl. 10–22 Uhr), ein Shopping- und Entertainmentkomplex mit 125 Geschäften, sowie **Ripley's Believe It or Not! Odditorium** (9907 Front Beach Road, Tel. 850/230 61 13, www.

Fort Walton Beach ist für seinen gediegenen Jachthafen bekannt

ripleys.com/panamacitybeach, So–Do 10–19, Fr, Sa 10–21 Uhr). Das Kuriositätenmuseum in einem weithin sichtbaren ›sinkenden‹ Schiff zeigt Außergewöhnliches aus aller Welt, von Schrumpfköpfen bis hin zu Fahrzeugen aus Goldmünzen.

Die Chronik des Tauchens beschreibt das **Man in the Sea Museum** (17314 Panama City Beach Parkway, Tel. 850/235 41 01, www.maninthesea.org, Mi–Sa 10–17 Uhr). Dioramen, Modelle und interessante Exponate wie Taucherausrüstungen von gestern und heute dokumentieren die Erforschung der Unterwasserwelt.

An der östlichen Spitze von Panama City Beach bietet der **St. Andrews State Park** (4607 State Park Lane, Tel. 850/233 51 40, www.floridastateparks.org/standrews, tgl. 8 Uhr bis Sonnenuntergang) flaches klares Wasser und einen der attraktivsten Strände der gesamten USA. Auf dem via Thomas Drive erreichbaren Festlandsteil des Areals laden *Naturpfade* und das *Environmental Interpretive Center* (tgl. 9–17 Uhr) zur Erforschung von Marschen und Wäldern ein. Nur per kurzer *Bootsfahrt* (Tel. 850/233 05 04, www.shellislandshuttle.com, tgl. 9–17 Uhr alle 30 Min.) zugänglich ist der Parkteil auf der wunderbar zum Sonnenbaden geeigneten Nehrungsinsel *Shell Island*.

Sehr empfehlenswert ist die zweistündige *Dolphin Tour* (www.shellislandpontoonrentals.com, Reservierung unter Tel. 850/630 12 78) eine Motorbootfahrt inkl. Schnorchelausrüstung. Die ortskundigen Kapitäne finden treffsicher gute Plätze zur Delfinbeobachtung. Oft gesellen sich die erstaunlich neugierigen und zutraulichen Tiere zu den Booten – ein unvergessliches Erlebnis mit 80 % Sichtungswahrscheinlichkeit.

i Praktische Hinweise

Information

Panama City Beach Visitors Information Center, 17001 Panama City Beach Parkway, Panama City Beach, Tel. 800/722 32 24, www.visitpanamacitybeach.com

Hotel

***__Edgewater Beach and Golf Resort__**, 11212 Front Beach Road, Panama City Beach, Tel. 855/874 86 86, www.edgewaterbeachresort.com. Komfortabler Komplex aus drei Hochhäusern direkt am breiten Sandstrand und Ferienhäusern landeinwärts.

Bei Bootstouren kann man Delfine hautnah erleben

Restaurant

Boar's Head Restaurant and Tavern, 17290 Front Beach Road, Panama City Beach, Tel. 850/234 66 28, www.boarsheadrestaurant.com. Seafood, Prime Ribs und Steaks in elegant-legerem Ambiente, sehr gute Weinkarte.

45 Fort Walton Beach

Ideal für einen Badeurlaub: Floridas smaragdgrüne Küste.

Mit dem östlich gelegenen *Destin* ist Fort Walton Beach aus zwei kleinen Fischerdörfern zum populären Touristenziel an der **Emerald Coast**, der ›smaragdgrünen Küste‹, zusammengewachsen. Von der geschwungenen Destin Bridge hat man einen herrlichen Blick auf den Jachthafen, auf dessen blaugrünem Wasser Segeljachten schaukeln.

Die größten Attraktionen sind jedoch die dünengesäumten *Sandstrände* der zwischen den beiden Orten gelegenen Nehrungsinsel **Okaloosa Island**. Sonnenbaden und Strandwandern gehören zu den beliebtesten Aktivitäten, ebenso Surfen, Parasailen, Jet- oder Wasserski fahren. Zudem fahren Charterboote zum *Hochseeangeln* oder zu *Tauchexkursionen* aufs Meer hinaus. Auf Okaloosa Island ragt die 384 m lange *Fishing Pier* ins Meer. Nebenan zeigt das **Gulfarium** (1010 Miracle Strip Parkway SE, Tel. 800/247 85 75, www.gulfarium.com, tgl. 9–17.30 Uhr) Haie, Rochen, Meeresschildkröten und Alligatoren sowie mehrmals täglich Delfin- und Seelöwenshows.

Anfang Juni findet das dreitägige **Billy Bowlegs Pirate Festival** (www.billybowlegspiratefestival.com) statt. Es beginnt am ersten Freitag des Monats mit einem Feuerwerk. Als Höhepunkt folgt am Samstag die Anlandung kostümierter Piraten auf farbenprächtigen Schiffen.

Ausflüge

Vor dem Haupttor der *Eglin Air Force Base*, einem der größten US-Luftwaffenstützpunkte, befindet sich das **Air Force Armament Museum** (100 Museum Drive (SR 85), Tel. 850/882 40 62, www.afarmamentmuseum.com, Mo–Sa 9.30–16.30 Uhr) mit mehr als 25 Militärflugzeugen, darunter u.a. auch eine SR-71

Blackbird, eine russische MiG-21 sowie eine amerikanische B-52.

Am Rocky Bayou, einem Ausläufer der Choctawhatchee Bay, 20 km nördlich von Destin, lohnt der abwechslungsreiche **Fred Gannon Rocky Bayou State Park** (4281 Highway 20, Niceville, Tel. 850/833 91 44, www.floridastateparks.org/rockybayou, tgl. 8 Uhr bis Sonnenuntergang) einen Besuch. Auf drei Wanderungen von jeweils rund 1,5 km Länge kann man die Vielfalt der Vegetation hervorragend kennenlernen. Der *Rocky Bayou Trail* folgt dem Salzwassersee an der Bucht, vorbei an dicken, grünen Moospolstern. Der *Sand Pine Trail* zieht sich durch Kiefernwald am schmalen langen *Puddin Head Lake* entlang, an dem Biber zu beobachten sind, während der *Red Cedar Trail* einen Rotzedernwald durchquert.

Östlich von Destin führen Highway 98 und CR 30 A südwärts zum **Grayton Beach State Park** (357 Main Park Road, Santa Rosa Beach, Tel. 850/267 83 00, www.floridastateparks.org/graytonbeach, tgl. 8 Uhr bis Sonnenuntergang) mit ausgezeichnetem Sandstrand. Vom Parkplatz am Ende der Parkstraße durchquert ein kurzer *Rundwanderweg* Salzmarschen und Sanddünen. Besonders gut ist hier der stabilisierende Effekt der wind-, salz- und sandresistenten Bäume, Sträucher und kleinen Pflanzen auf die wandernden Dünen zu erkennen.

3 km weiter auf der CR 30 A gelangt man nach **Seaside** (www.seasidefl.com). Die 1981 etablierte, architektonisch harmonisch gestaltete ›Musterstadt‹ ist eine Wohn- und Ferienkolonie. Ihre mehr als 300 pastellfarbenen, neoviktorianischen Wohnhäuser mit ihren Veranden und weiß getünchten Gartenzäunen sowie die ziegelsteingepflasterten kleinen Straßen waren Drehort des erfolgreichen Films *The Truman Show* mit Jim Carrey von 1998. Die weiten ruhigen Sandstrände und bunten Märkte haben Seaside zu einem populären Winterziel der ›Snowbirds‹, der schneemüden Menschen aus den nördlichen US-Bundesstaaten, aber auch internationaler Touristen werden lassen.

i Praktische Hinweise

Information

Emerald Coast Convention & Visitors Bureau, 1540 Miracle Strip Parkway, Fort Walton Beach, Tel. 800/322 33 19, www.emeraldcoastfl.com

Hotels

******Emerald Grande**, 10 Harbor Boulevard, Destin, Tel. 800/676 00 91, www.emeraldgrande.com. Attraktives Grandhotel am Ostende der Destin Bridge, mit Marina.

Seaside Cottage Rental Agency, Seaside, Tel. 866/966 25 65, www.cottagerentalagency.com. Ferienhausagentur für Seaside.

46 Gulf Islands National Seashore

Quarzsandstrände weiß wie Puderzucker und pudrig wie Schnee.

Als vorgelagerte Barrieren schützen die beiden lang gestreckten Nehrungsinseln

Perdido Key, die einige der schönsten und am wenigsten erschlossenen Strände Floridas besitzt, und *Santa Rosa Island* das Festland vor der Erosion durch Sturm und Fluten. Sie gehören zur Inselkette der Gulf Islands National Seashore, die im Westen bis in den Bundesstaat Mississippi hineinreicht und für ihre artenreiche Pflanzenwelt sowie großen Vogelreichtum bekannt ist. Die schmalen Inseln bilden ein Paradies zum Sonnenbaden oder Schwimmen – entweder in der sanften Brandung des klaren, blauen Meerwassers auf der Golfseite oder im vom Süßwasser der Flüsse gespeisten, weniger salzhaltigen Wasser auf der Buchtseite.

Südlich von Pensacola auf Santa Rosa Island liegt der Ferienort **Pensacola Beach** mit einer touristischen Infrastruktur aus Motels, Restaurants und Geschäften. Charterboote starten zu *Angeltouren*

Zuckerweißer Strand und türkisgrünes Meer – Urlaub wie aus dem Bilderbuch

auf das Meer, zu den populärsten *Wassersportarten* gehören Tauchen, Schnorcheln oder Angeln auf der mit knapp 450 m längsten Pier (www.fishpensacola beachpier.com) an der Golfküste.

TOP TIPP Östlich von Pensacola Beach erreicht man die **Santa Rosa Area** der Gulf Islands National Seashore. Bis Navarre Beach sind ihre kilometerlangen schönen weißen Sandstrände entlang der Küstenstraße No. 399 völlig unerschlossen. Seit Jahrhunderten schon trotzen die von filigranem Seehafer bewachsenen Sanddünen den Naturgewalten. Strandwandern zählt hier zu den beliebtesten Aktivitäten, vom Parkplatz aus kann man in jeder Richtung etwas mehr als 6 km laufen.

Kühne Himmelsstürmer – Skyhawks im Atrium des National Naval Aviation Museum

Die Zufahrt nach **Fort Pickens**, westlich von Pensacola Beach an der Westspitze Santa Rosa Islands, erfolgt über eine schmale Landzunge mit Badestränden. Die 1829–34 erbaute fünfeckige Festung sollte Pensacolas Hafeneingang schützen. Im Amerikanischen Bürgerkrieg 1861–65 blieb sie in Unionshand, obwohl Florida sich den Südstaaten angeschlossen hatte. Im Jahr 1887 war hier der berühmte Apachenhäuptling *Geronimo* eingekerkert. Fort Pickens Stellungen waren bis 1947 besetzt, heute kann man das Fort Pickens Museum besuchen (1400 Fort Pickens Rd., Tel. 850/934 26 35, tgl. 8.30–16.30 Uhr).

i Praktische Hinweise

Information

Gulf Islands National Seashore Visitor Center, 1801 Gulf Breeze Parkway, Highway 98 östlich von Gulf Breeze, Tel. 850/934 26 00, www.nps.gov/guis

47 Pensacola

Hält die Stellung: die größte Stadt im äußersten Nordwesten Floridas.

Geschützt in einer Bucht, an die Pensacola Bay geschmiegt und durch die lange Nehrungsinsel Santa Rosa Island vom Golf von Mexiko getrennt, liegt der Seehafen Pensacola. Bereits 1698 war die erste permanente, spanische Siedlung *Presidio Santa Maria de Galve* mit dem *Fort San Carlos de Austria* neben dem heutigen Fort Barrancas entstanden. Im Laufe der folgenden Jahrhunderte wehten nacheinander fünf Flaggen über der Stadt: Spaniens, Frankreichs, Großbritanniens, der USA und im Amerikanischen Bürgerkrieg kurzfristig auch die der rebellierenden Südstaaten. 1814 und 1818 eroberte die US-Armee unter *Andrew Jackson* den unter spanischer Verwaltung stehenden Ort. Die formelle Übergabe Floridas an die USA erfolgte 1821 auf der Plaza Ferdinand VII. im heutigen *Palafox Historic District*, seinerzeit das Herz der Stadt.

Seit 1914 beherbergt Pensacola an seinem Südwestrand eine Marineflugakademie. Die große **Naval Air Station Pensacola** (Navy Boulevard) wird als ›Wiege der Marinefliegerei‹ bezeichnet. Sie ist auch Heimat des Präzisionsflugteams *Blue Angels* (www.blueangels.navy.mil), das von März–Nov. Di und Mi um 11.30 Uhr mit Düsenjägern zu 75-minütigen Übungsflügen startet (Aussichtsplattform hinter dem Museum), und des **National Naval Aviation Museum** (1750 Radford Boulevard, Tel. 800/327 50 02, www.navalaviationmuseum.org, tgl. 9–17 Uhr) zur Geschichte der amerikanischen Marinefliegerei. Die Sammlung von über 150 Flugzeugen macht es zu einem der größten Luftfahrtmuseen weltweit, ein Trolley umrundet die 50 auf dem Freigelände hinter dem *Restoration Hangar* ausgestellten Flugzeuge. Zu den Ausstellungsstücken gehören auch ein Flugzeugträgerdeck aus dem Zweiten Weltkrieg und das NC-4 Flying Boat, das erste Flugzeug überhaupt, das 1919 – wenn auch mit vielen Stopps – noch vor Lindberghs berühmtem Flug den Atlantik überquerte. Im gläsernen *Atrium* demonstrieren vier A-4 Skyhawks eine schnittige Flugformation der Blue Angels. Cockpit-Simulatoren, Modelle und Fotos vervollständigen die Ausstellungen. Eine Attraktion ist auch das hauseigene *IMAX-Kino* (tgl. 10–16 Uhr, jeweils zur vollen Std.).

Auf dem Gelände der Naval Air Station an der Pensacola Bay liegt das von einem Trockengraben umgebene, nur über eine Zugbrücke zugängliche **Fort Barrancas** (3182 Taylor Rd., tgl. 8.30–16.30 Uhr). Die von den Spaniern im Jahr 1698 zunächst als Holzfort zum Schutz des Hafens errichtete Anlage wurde 1839 zur heutigen dreieckigen Backsteinfestung ausgebaut. Sie blickt auf das gegenüber an der Spitze einer sandigen Landzunge liegende Fort Pickens [s. S. 120]. General Andrew Jacksons US-Truppen besetzten Fort Barrancas 1814 und 1818, konföderierte Bürgerkriegssoldaten eroberten es 1861/62 kurzfristig von den Nordstaaten.

Im historischen Stadtkern, dem *Pensacola Historic District*, befinden sich die 27 Häuser (11 dürfen besichtigt werden) des **Historic Pensacola Village** (Tel. 850/595 59 85, www.historicpensacola.org, Di–Sa 10–16 Uhr), u. a. das französisch-kreolische *Lavalle House* (205 East Church

An die früheste Siedlervergangenheit Pensacolas erinnern die Häuser im Historic Village

Im Lavalle House im Historic Pensacola Village fühlt man sich in eine andere Zeit versetzt

Street) von 1805, das neoklassizistische *Dorr House* (311 South Adams Street) von 1871, das vollständig mit Einrichtungsgegenständen aus der Zeit von 1850–90 ausgestattet ist, und das *Julee Cottage* (210 East Zaragoza Street) von 1805. Hier lebte Julee Panton, eine freie afroamerikanische Frau – und damit eine absolute Ausnahmeerscheinung im Sklavenhalterstaat Florida. Im *Museum of Commerce* (201 East Zaragoza Street) ist ein Straßenzug im Stil des frühen 20. Jh. errichtet worden, komplett mit Druckerei, Tankstelle und Straßenbahn.

Anfang Juni wird um den *Seville Square* und in der gesamten Stadt die **Fiesta of Five Flags** (www.fiestaoffiveflags.org, s. S. 131) gefeiert. Höhepunkt ist dabei eine Bootsparade. Die Feier erinnert an die Landung *Don Tristan de Lunas,* der 1559 die Siedlung *Panzacola* gegründet hatte. Benannt ist das Festival nach den fünf Flaggen, die im Laufe der Jahrhunderte über der Siedlung wehten. Auf die spanische folgten die französische, die britische, die konföderierte und schließlich die US-amerikanische.

Populärer Treffpunkt am Westrand des *Historic District* ist der Entertainment- und Restaurantkomplex *Seville Quarter* (130 East Government Street, Tel. 850/434 62 11, www.sevillequarter.com, Mo–Sa 7–3, So 11–3 Uhr). Er beherbergt u. a. ›Rosie O'Grady's‹, einen Saloon im Stil des späten 19. Jh., ›Lili Marlene's‹, eine Bar im Fliegerdekor, und ›Phineas Phogg's‹, eine Diskothek auf zwei Ebenen.

i Praktische Hinweise

Information

Pensacola Bay Area Visitors Bureau, 1401 East Gregory Street, Pensacola, Tel. 800/874 12 34, www.visitpensacola.com

Hotel

TOP TIPP ****Eden Condominiums**, 16281 Perdido Key Drive, Perdido Key, Tel. 800/523 81 41, www.edencondominiums.com. Ferienwohnungen mit tollem Panorama am lang gestreckten Sandstrand. Tropischer Garten mit Wasserfällen und Pools.

Restaurant

McGuire's Irish Pub, 600 East Gregory Street, Pensacola, Tel. 850/433 67 89, www.mcguiresirishpub.com. Steaks,

Fischgerichte und irische Spezialitäten stehen auf der Speisekarte des Pubs, dazu gibt es hausgebrautes Bier.

48 Blackwater River State Forest

Kanufahren und Tubing: spritziger Spaß auf dem Wasser.

Im dünn besiedelten Nordwestflorida erstreckt sich bis zur Staatsgrenze Alabamas ein von Kiefernwald bedecktes Hügelland mit Anhöhen bis knapp 90 m, hier befindet sich der *Blackwater River State Forest* (11650 Munson Hwy, Milton, Tel. 850/957 61 40, www.freshfromflorida.com). Das aus den hiesigen Sümpfen kommende Tannin (Gallusgerbsäure) färbt das klare Wasser der quellgespeisten Flüsse dunkelbraun und gibt ihnen ein geheimnisvolles Gepräge.

TOP TIPP Der beliebteste Fluss für Kanufahrten ist der **Coldwater Creek**. Auf geruhsamen Touren stromabwärts, mit einer Dauer von zwei Stunden bis zu drei Tagen, begegnet man *Schildkröten* und *Waschbären* an den dicht bewachsenen Ufern, zwischendurch kann man nach Belieben zum Picknick auf den weißen Sandbänken und zum Baden im flachen, bis 24 °C warmen Fluss eine Pause einlegen. Die an Sommerwochenenden sehr populären kürzeren Touren enden bei *Tomahawk Landing* am Zusammenfluss von Wolfe Creek und Coldwater Creek. Alternativ dazu bieten sich Tages- oder Mehrtagestouren mit Übernachtung am Ufer des *Blackwater River* (der etwas breiter als Coldwater Creek ist) an.

i Praktische Hinweise

Unterkunft

Adventures Unlimited, 8974 Tomahawk Landing Road, Milton, Tel. 850/ 623 61 97, www.adventuresunlimited.com. Klimatisierte Blockhütten, Zipline sowie Kanuverleih und -touren.

Gemächlich fließen die Flüsse im Blackwater River State Forest dahin

ADAC
Reisemagazin
Budapest
Großer Auftritt
Reisemagazin
Dolomiten
Reisemagazin
München
Da schau her!
Reisemagazin
Nordsee
Nur die Ruhe
ADAC
Nr. 149
Reisemagazin
Tapas — Kleine Portion, große Verführung
Flamenco — Aus Stolz und Leidenschaft
Sierra Nevada — Skitour jenseits von Afrika
Strandbars — Ab in den nächsten Chiringuito
Andalusien
Heiß geliebt
Foto: © Fotolia.com

Florida aktuell A bis Z

Vor Reiseantritt

ADAC Info Service
Tel. 0800/510 11 12 (gebührenfrei)
Unter dieser Telefonnummer oder bei den ADAC Geschäftsstellen können ADAC Mitglieder kostenloses Informations- und Kartenmaterial anfordern.

ADAC im Internet
www.adac.de
www.adac.de/reisefuehrer

Florida im Internet
www.visitflorida.com

Informationen zu einzelnen Regionen:
The Beaches of Fort Myers & Sanibel
www.fortmyers-sanibel.com/german

Palm Beach County
www.palmbeachfl.com/german

Visit Orlando
www.visitorlando.com/de

The Florida Keys & Key West
www.fla-keys.de

Allgemeine deutschsprachige Florida-Informationen unter Tel. 0180/531 13 01 (14 Cent/Min. aus dem Festnetz, max. 0,42 Euro aus den Mobilfunknetzen)

Für Broschürenversand:
Visit Florida Versandhaus
Denkzauber GmbH, Neustadt 13, 47809 Krefeld, Tel. 021 51/512 46 69

Allgemeine Informationen

Reisedokumente

Für einen Aufenthalt bis zu 90 Tagen benötigt jeder Reisende einen maschinenlesbaren bordeauxroten **Reisepass**, der mindestens für die Dauer des Aufenthaltes gültig ist. Seit dem 1. April 2016 dürfen nur noch Inhaber von elektronischen Reisepässen visumfrei in die USA einreisen. Alle nach dem 1. Nov. 2005 ausgestellten Pässe sollten aber über biometrische Daten in Chipform verfügen (erkennbar am goldenen ICAO-Symbol auf dem Einband). Deutsche **Kinderreisepässe**, die vor dem 26.10.2006 ausgestellt wurden, können für die visumfreie Einreise nach wie vor genutzt werden. Kinder, deren Kinderreisepass jünger ist, die nur im Reisepass ihrer Eltern eingetragen sind oder nur einen Kinderausweis haben, benötigen für die visumfreie Einreise einen neuen regulären Reisepass.

Zur Einreise benötigt werden zudem ein Rückreise- oder weiterführendes Ticket sowie das **Zollformular**, das man an Bord erhält. Außerdem müssen sich Reisende spätestens 72 Stunden vor Abflug online über ESTA (https://esta.cbp.dhs.gov/esta) registrieren. Hier sind Angaben zur Person und eine Aufenthaltsadresse in den USA anzugeben. Die **Registrierung** kostet 14 $ (Zahlung nur mit Kreditkarte) und ist zwei Jahre gültig. Verfügt man über kein Rückflugticket oder möchte sich länger als drei Monate in den USA aufhalten, wird ein **Visum** benötigt. Abstecher nach Kanada und Mexiko sind visumfrei möglich.

Von allen Reisenden, auch den nicht visumpflichtigen, wird bei Einreise (bei Umsteigeverbindungen am Ankunftsflughafen) ein digitaler **Fingerabdruck** und ein digitales **Porträtfoto** gefertigt.

Informieren Sie sich vorab über die jeweils aktuellen Einreisebestimmungen: www.auswaertiges-amt.de

Kfz-Papiere

Bis zu einem Jahr Aufenthalt genügt der nationale Führerschein, Besitzer alter rosafarbener Führerscheine sollten zusätzlich einen Internationalen Führerschein mitbringen.

Krankenversicherung

Es ist unbedingt ratsam, eine Auslandskrankenversicherung abzuschließen. Vor Ort anfallende Behandlungskosten (mit Kreditkarte zu begleichen) werden dann zu Hause gegen Beleg erstattet.

Zollbestimmungen

In die USA kann man pro Person zollfrei Geschenke im Wert von 100 $ sowie 200 Zigaretten, 100 Zigarren oder 1 l alkoholische Getränke einführen. Die Einfuhr von frischen Lebensmitteln, Pflanzen, Waffen und pornografischem Material ist verboten. Bei der **Ausfuhr** liegen die Zollfreigrenzen pro Person ab 17 Jahren bei einem Warenwert von 430 €, darunter 200 Zigaretten oder 100 Zigarillos oder 50 Zigarren oder 250 g Tabak, 1 l Spirituosen über 22 % oder 2 l unter 22 % Alkohol.

Geld

Die nationale Währung ist der *US-Dollar* ($, USD), unterteilt in 100 Cents (c). Es gibt Geldscheine zu 1, 5, 10, 20, 50 und 100 $ sowie Münzen zu 1 Cent (*Penny*), 5 c (*Nickel*), 10 c (*Dime*) und 25 c (*Quarter*).

In den USA ist die Zahlung mit den gängigen **Kreditkarten** (Mastercard, VISA, AmEx) Standard. Sie werden von allen Hotels, den meisten Restaurants, Geschäften und Tankstellen angenommen, von Autovermietern sogar verlangt. Telefonische Reservierungen von Eintrittskarten, Fährtickets, Hotelzimmern u. ä. sind nur unter Angabe der Kreditkartennummer möglich. Auch **Maestro-Karten** (EC-Karten) können zur Bargeldabhebung benutzt werden. Als praktische Reserve kann man mit auf US-$ ausgestellten **Reiseschecks** in den USA wie mit Bargeld bezahlen.

Mit Geldscheinen bis max. 20 $ und Münzen für die vielen Automaten kommt man unterwegs gut zurecht. Abends geben kleine Geschäfte auf Scheine über 20 $ manchmal kein Wechselgeld heraus.

Service und Notruf

Notruf
Tel./Mobil: 911 (Polizei, Unfallrettung, Feuerwehr)

Operator/Telefonvermittlung
Tel. 0 (Auskunft, auch Hilfe im Notfall)

ADAC Info Service
Tel. 0800 5 10 11 12
(Mo–Sa 8–20 Uhr)

ADAC Pannenhilfe Deutschland
Tel. 0 180/2 22 22 22
(dt. Festnetz 6 ct/Anruf;
dt. Mobilfunk max. 42 ct/Min.),
Mobil-Kurzwahl: 22 22 22
(Verbindungskosten je nach Netzbetreiber/Provider)

ADAC Notruf aus dem Ausland
Tel. +49/89/22 22 22

AAA Pannenhilfe:
Tel. 1 800/222 43 57

ADAC Ambulanzdienst München
Tel. +49/89/76 76 76

ÖAMTC Schutzbrief Nothilfe
Tel. +43/1/251 20 00, www.oeamtc.at

Einsatzzentrale TCS-ETI-Schutzbrief
Tel. +41/58/827 22 20, www.tcs.ch

Tourismusämter im Land

Tourismusbüros und *Visitor Centers* der einzelnen Orte sind unter den **Praktischen Hinweisen** im Reiseteil aufgeführt.

Automobilclubs

Beim ADAC Partnerclub **AAA** (*American Automobile Association*, www.aaa.com), kurz ›Triple A‹ genannt, bekommen ADAC Mitglieder gegen Vorlage ihres Mitgliedsausweises kostenlos eine Landkarte von Florida (*State map*), Stadtpläne aller Städte (*City maps*) sowie ein Tour Book mit ausführlichem Restaurant- und Hotelverzeichnis im Anhang. AAA-Büros (Mo–Fr 8.30–17.30 Uhr) sind in allen größeren Städten Floridas vertreten. Zentrale Adressen sind:

AAA South Miami, 6643 South Dixie Highway, Miami, Tel. 305/661 61 31

AAA Tallahassee, 3491 Thomasville Road, Suite 26, Tallahassee, Tel. 850/907 10 00

AAA Winter Park/Orlando, 783 South Orlando Avenue, Winter Park, Tel. 407/647 10 33

Diplomatische Vertretungen

Deutschland

Botschaft der USA, Konsularabteilung, Clayallee 170, 14191 Berlin, Visa-Info: Tel. 032/221 09 32 43, www.usembassy.de

Österreich

Botschaft der USA, Konsularabteilung, Parkring 12 a, 1010 Wien, Visa-Info: 0720 11 60 00, www.usembassy.at

Schweiz

Botschaft der USA, Sulgeneckstr. 19, 3007 Bern, Tel. 031/357 70 11, Visa-Info: Tel. 031/580 00 33, http://bern.usembassy.gov

Konsulate in den USA

Deutsches Generalkonsulat/German Consulate, 100 North Biscayne Blvd., Suite 2200, Miami, FL 33132, Tel. 305/358 02 90, www.germany.info

Österreichisches Konsulat/Austrian Consulate, 2445 Hollywood Blvd., Hollywood, FL 33020, Tel. 954/925 11 00, www.austrianconsulatemiami.com

Schweizer Konsulat/Swiss Consulate, Panalpina Inc., 703 Waterford Way, Suite 890, Miami, FL 33126, Tel. 305/377 67 00, www.eda.admin.ch

Besondere Verkehrsbestimmungen

In Florida gelten strikte **Tempolimits**, im Allgemeinen max. 70 Meilen pro Stunde (*miles per hour*, mph) = 113 km/h auf den Überlandautobahnen (*Interstates*), 65 mph (105 km/h) auf vierspurigen Überlandstraßen, 60 mph (97 km/h) auf Landstraßen, 25–30 mph (40–48 km/h) innerorts, 20 mph (24 km/h) vor Schulen.

An **Straßen** unterscheidet man Autobahnen (*Interstates*, I), überregionale Bundesstraßen (*US Highways*, US), Staatsstraßen (*State Routes*, SR) und Landstraßen (*County Roads*, CR).

Autobahnausfahrten können auch von der linken Fahrspur abzweigen, zudem ist das **Überholen** auf der rechten Seite erlaubt. **Ampeln** hängen entweder mittig über der Kreuzung oder stehen erst am Straßenrand dahinter. Sie wechseln von Rot auf Grün ohne die Signalfarbe Gelb. Wenn es der Verkehr erlaubt, darf man bei Rot nach kurzem Stopp rechts abbiegen, es sei denn, der Hinweis *No turn on red* verbietet dies. Bei **Stoppschildern** mit dem Zusatz *4-Way-Stop* müssen Verkehrsteilnehmer aller Richtungen kurz anhalten, bevor sie dann der Reihenfolge ihrer Ankunft nach weiterfahren.

An Bushaltestellen und Hydranten gilt absolutes **Parkverbot**, ebenso an rot markierten Bordsteinen. Bei andersfarbig markierten Bordsteinen gelten Halte- bzw. Parkverbote von regional unterschiedlicher Dauer. In *Tow-away-Zones* wird jedes geparkte Fahrzeug abgeschleppt.

Schulbusse mit seitlich ausgefahrenem Stoppschild und Warnblinker dürfen in keiner Fahrtrichtung passiert werden.

Alkoholische Getränke müssen im Kofferraum verstaut werden. Prinzipiell ist es verboten, unter Alkoholeinfluss ein Fahrzeug zu führen (DUI, *driving under the influence*). Es gibt aber einen Grenzwert von 0,8 Promille. Aufgrund der rigorosen Anwendung von Alkoholtests und Blutproben ist von der Verbindung Alkohol und Autofahren aber dringend abzuraten.

Im Falle einer **Polizeikontrolle** bleibt man im Auto sitzen! Man öffnet das Wagenfenster, lässt die Hände sichtbar am Lenkrad und wartet auf die Anweisungen des Polizeibeamten.

Sicherheit

Touristen sehen zumeist nur die relativ sichere und gut bewachte Sonnenseite Floridas, Strände, Shopping Center, Vergnügungs- und Nationalparks. Dort ist das Risiko, Opfer von Straftaten zu werden, erheblich geringer als in den sozialen Brennpunkten einiger Städte wie Liberty City in Miami. Typisch für die USA ist, dass der Charakter großstädtischer Straßenzüge sich häufig innerhalb weniger Häuserzeilen ändert, da sichere Wohngebiete direkt an heruntergekommene Viertel grenzen. Solche Stadtteile sowie einsame Parks sollte man meiden, möglichst tagsüber auf Hotelsuche gehen und abends nur an belebten, gut beleuchteten Orten nach dem Weg fragen.

Gesundheit

Rezeptpflichtige Arzneien gibt es in *Pharmacies*, die sich in der Regel in großen Supermärkten oder Drugstores befinden. Wichtige persönliche **Medikamente** sollte man in ausreichender Menge mitnehmen, da europäische Produkte in den USA unter Umständen nicht in gleicher Rezeptur oder Dosierung erhältlich sind.

Stromspannung

Das Stromnetz der USA arbeitet mit **110 Volt**. Europäische Elektrogeräte brauchen Spannungsumschalter von 230 auf 120 Volt und Adapter für US-Steckdosen.

Maße und Gewichte

1 inch (in.) = 2,54 cm
1 foot (ft.) = 12 in. = 30,48 cm
1 yard (yd.) = 3 ft. = 91,44 cm
1 mile (mi.) = 1760 yd. = 1,609 km
1 fluid ounce (fl.oz.) = 29,57 ml
1 pint (pt.) = 16 fl.oz. = 0,47 l
1 quart (qt.) = 2 pt. = 0,95 l
1 gallon (gal.) = 4 qt. = 3,79 l
1 ounce (oz.) = 28,35 g
1 pound (lb.) = 16 oz. = 453,59 g

Zeit und Datum

In Florida gilt größtenteils die **Eastern Standard Time (EST)**, die 6 Std. hinter der Mitteleuropäischen Zeit (MEZ) liegt. Nur der Westteil Floridas ab der St. Joseph Peninsula liegt in der Zeitzone der **Central Standard Time** (CST, MEZ minus 7 Std.). Vom zweiten Sonntag im März bis zum ersten Sonntag im November wird auf Sommerzeit (*Daylight saving time*, DST) umgestellt.

Uhrzeiten werden von 1 bis 12 angegeben, der Zusatz a.m. (ante meridiem) steht für vormittag (0–12 Uhr), p.m. (post meridiem) für die zweite Tageshälfte (12–24 Uhr). Beim **Datum** wird erst der Monat, dann der Tag und schließlich das Jahr angegeben, z.B. 11/14/16 steht für 14.11.2016.

Anreise

Die Internationalen Airports von **Miami** (MIA, Tel. 800/825 56 42, www.miami-airport.com) und **Orlando** (MCO, Tel. 407/825 20 01, www.orlandoairports.net) zählen zu den weltgrößten Flughäfen. Transatlantische Charterflüge landen in **Fort Lauderdale** (FLL, Tel. 866/435 93 55, www.fll.net), auf dem **Tampa International Airport** (TPA, Tel. 813/870 87 00, www.tampaairport.com), auf dem **Southwest Florida International Airport** (RSW, Tel. 239/590 48 00, www.flylcpa.com) bei Fort Myers und in Miami.

Bei *Umsteigeverbindungen* passiert man am ersten Ankunftsflughafen in den USA Pass- und Zollkontrollen. Danach gibt man das abgeholte Gepäck zum Weiterflug erneut auf.

Bank, Post, Telefon

Bank

In der Regel sind Banken Mo–Fr 9–16 Uhr geöffnet, in kleineren Orten mit Mittagspause. Für die ersten Tage tauscht man Euro und andere europäische Währungen am besten schon zu Hause in US-Dollar um, danach ist es im Regelfall günstiger, in den USA zu tauschen oder mit einer Maestro-Karte oder Kreditkarte und PIN am Automaten (ATM) Geld abzuheben.

Post

Die Öffnungszeiten sind im Allgemeinen Mo–Fr 8.30–17, Sa 8.30–13 Uhr (www.usps.com). Jedes kleine Dorf besitzt ein eigenes *Post office*. **Postkarten** nach Europa kosten 1,20 $ und sind per Luftpost ca. eine Woche unterwegs. **Pakete** benötigen für die gleiche Strecke auf dem kombinierten Land-Seeweg rund sechs Wochen. Bei der Paketaufgabe werden Inhaltsdeklarationen verlangt, die eventuell Zollzahlungen nach sich ziehen können.

Bei **US-Anschriften** steht die Hausnummer vor dem Straßennamen und die fünfstellige Postleitzahl *(Zip code)* hinter der Ortschaft und der Abkürzung für den jeweiligen Bundesstaat.

Telefon

Internationale Vorwahlen:
USA 001
Deutschland 011 49
Österreich 011 43
Schweiz 011 41

In den USA bestehen Telefonnummern aus einer dreistelligen Ortsvorwahl *(Area code)* und einer siebenstelligen Rufnummer. Unter der Nummer ›0‹ meldet sich der Operator (Vermittlung), der bei Problemen rund um das Telefon weiterhilft.

Bei **Ferngesprächen** wählt man zunächst die ›1‹, dann den *Area code* und die Rufnummer. In der Regel nennt dann eine Computerstimme die anfallenden Gebühren. Rufnummern mit der Vorwahl 800, 844, 855, 866, 877 oder 888 sind **gebührenfrei** (*Toll free*). Damit lassen sich die meisten Hotels reservieren oder auch verschiedene Flug- und Leihwagengesellschaften anrufen.

Auf Tastentelefonen stehen über den Ziffern 2–9 folgende **Buchstaben**: 2=ABC, 3=DEF, 4=GHI, 5=JKL, 6=MNO, 7=PQRS, 8=TUV, 9=WXYZ. Damit umschreiben Firmen ihre Telefonnummern, z.B. lautet der Notruf des Automobilclubs AAA: 800/AAA-HELP = 800/222 43 57.

Die oft hohen Gesprächsgebühren aus Hotelzimmern oder manchen Telefonzellen lassen sich mittels **Telefonkarten** *(Prepaid phone cards)* vermeiden. Am preisgünstigsten sind Ferngespräche innerhalb der USA oder nach Europa mit den vorausbezahlten amerikanischen Telefonkarten, die es in Florida in zahlreichen Geschäften und an den meisten Tankstellen gibt. Man kann dann von jedem Telefon aus die gebührenfreie Zugangsnummer in das Netz der kartenausgebenden Gesellschaft wählen.

Nur moderne **Quad-GSM-Geräte** unterstützen sowohl den europäischen Standard von 900 und 1800 MHz als auch den US-Standard von 850 und 1900 MHz. Auch bei LTE kommen in den USA und in Europa unterschiedliche Frequenzen zum Einsatz. Mit einer amerikanischen Prepaid-Karte oder einer Cellion-SIM-Karte (www.cellion.de) telefoniert man in den USA mobil wesentlich preiswerter.

Shoppers' Paradise

Einkaufen in **Shopping Malls** führt oft in eine wahre Erlebniswelt mit Restaurants und Kinos. Höhepunkte der amerikanischen Shopping-Kultur sind Nobel-Malls wie die Gardens Mall in Palm Beach Gardens, rundum gestylt, palmen- und golddekoriert und mit Springbrunnen versehen. **Outlet Centers** wie die riesigen Sawgrass Mills in Fort Lauderdale verkaufen Restposten und Retouren. Sie werben mit Nachlässen von bis zu 70 %, doch werden dabei zumeist Vorjahresüberschüsse und minimal fehlerhafte Waren angeboten. Aktuelle Produkte kommen nur mit geringerer Preisreduzierung in die Regale. ›Shopping Profis‹ empfehlen: die ersten Tage bummeln und Preise vergleichen, erst in den letzten Urlaubstagen einkaufen.

Einkaufen

Öffnungszeiten

In den USA gibt es keine gesetzlich vorgeschriebenen Öffnungszeiten *(Business hours)*. Supermärkte haben gewöhnlich täglich 7–22 Uhr geöffnet, manche sogar rund um die Uhr. Die großen Einkaufszentren *(Shopping Malls)* sind in der Regel Mo–Sa 10–21, So 12–18 Uhr geöffnet.

Mitbringsel

Angesichts des sehr umfangreichen Warenangebots gerät mancher Reisende in einen regelrechten Kaufrausch, zumal viele Waren, insbesondere amerikanische Mode, Jeans, Freizeit- und Sportbekleidung, Schuhe, Stiefel, Westernausstattung, CDs, Elektronikartikel, Kosmetika und Parfums in Florida billiger sind als in Europa.

Zur Beachtung: Vor dem Kauf sollte man auf jeden Fall prüfen, ob in den USA gekaufte *Elektrogeräte* auch mit der europäischen Stromspannung von 230 Volt funktionieren. *DVDs* mit der Ländercode-Nummer 1 sind für das Abspielen in den USA bestimmt und können außerhalb der USA nur auf sogenannten Regio-Free-Playern gespielt werden. Lautet der Code hingegen auf 2 (Europa) oder 0 (worldwide), können die Silberlinge problemlos auch auf europäischen Wiedergabegeräten benutzt werden.

Steuern

Alle Waren und Dienstleistungen sind in Netto-Preisen ausgezeichnet, zur Rechnungssumme addiert sich also die Umsatzsteuer *(Sales tax)* von zurzeit 6 % in Florida hinzu, wobei Städte noch einen zusätzlichen Prozentpunkt aufschlagen und Restaurantmahlzeiten bzw. Übernachtungen extra besteuern dürfen.

Essen und Trinken

Frühstück

Zum üppigen **amerikanischen Frühstück** *(American breakfast)* werden Eier als Rührei *(Scrambled egg)*, einseitig *(Sunny side up)* oder zweiseitig *(Overeasy)* gebratenes Spiegelei *(Fried egg)* oder gekocht *(Boiled egg)* serviert. Dazu gibt es Bratwürstchen *(Sausages)*, Schinkenspeckstreifen *(Bacon)* oder Schinken *(Ham)* sowie die aus Kartoffelschnitzen gerösteten *Hash browns*. Süßmäuler erfreuen sich an den kleinen Pfannkuchen mit Ahornsirup *(Pancakes with maple sirup)* sowie an Toast mit Marmelade *(Jam)*. Kaffee wird kostenlos nachgeschenkt *(Refill)*. Dagegen nimmt sich das **Continental Breakfast** – Kaffee, Toast mit Marmelade, evtl. Joghurt und Cornflakes – mager aus.

Abendessen

Die Hauptmahlzeit des Tages ist nicht das Mittagessen *(Lunch)*, sondern das *Dinner* am Abend. Am frühen Abend locken oft *Early bird specials* zu ermäßigten Preisen.

Seafood Restaurants sind an Floridas Küsten naturgemäß zahlreich vertreten. Der *Catch of the day*, die Empfehlung des Tages, bezeichnet täglich wechselnde Fisch- und Muschelgerichte. Fangfrisch aus den Korallenriffen vor der Küste stammen **Fischspezialitäten** wie *Yellowtail Snapper* und *Mutton Snapper*, *Grouper* und *Grunt*. Floridas Langusten heißen *Spiny lobsters*, der eigentliche *Lobster* (Hummer) stammt von nördlicheren Küsten, vorwiegend aus Maine. Zu den köstlichsten Schalentieren zählen *Shrimps* (Garnelen, Krabben), *Crabs* (Krebse, Krabben, insbesondere die *Stone crabs* (Große Steinkrabben) sowie *Clams*, *Mussels* (Muscheln), die Spezialität von Key West ist *Conch*, die große Tritonshornschnecke. Angeboten werden sie *grilled* (gegrillt), *sautéed* (gedünstet), *baked* (gebacken), *boiled* (gekocht) oder als *Chowder* (dicke Suppe) bzw. *Stew* (Eintopf).

Das Nationalgericht **Steak** steht in allen Variationen auf der Speisekarte. Es wird *rare* (blutig), *medium* (halb durch) oder *well done* (durchgebraten) serviert.

Alkohol

Als ein Überbleibsel der Prohibition in den 1920er-Jahren ist die Alkoholgesetzgebung noch heute sehr streng. An den meisten Stränden, in State Parks und im Auto darf kein Alkohol konsumiert werden. Die Altersgrenze von 21 Jahren für den Kauf von Alkoholika wird überall kontrolliert. In Zweifelsfällen gibt es ohne Identitätsnachweis (Reisepass, Führerschein) mit Altersangabe nichts.

Leichte Weine und Biere findet man in Supermärkten, hochprozentige Spirituosen oft nur in Alkoholgeschäften *(Liquor stores)*. Nur Restaurants mit spezieller Lizenz *(Licensed restaurant)* schenken hochprozentige Drinks aus. In einfachen Restaurants ohne Lizenz heißt es gelegentlich *Bring your own bottle (BYOB)*. Gäste dürfen dann ihre eigenen alkoholischen Getränke mitbringen.

Unter den heimischen **Bieren** finden sich hauptsächlich helle *Lager beers*, herbere Pilsgetränke sind nicht sehr gefragt. Bier ist in Flaschen *(Bottles)*, Dosen-Sechserpack *(Sixpack)* oder frisch gezapft *(Draft, On tap)* erhältlich.

Florida-Knigge

Zumeist heißt es am Restaurant-Eingang **Please, wait to be seated**, und dann wartet man, bis die Bedienung (*waiter* oder *waitress*) die Gäste zum Tisch führt. Bei ›*Please seat yourself*‹ wird selbst ein Platz an einem freien Tisch ausgewählt.

Die Kleidung ist im Allgemeinen lässig (*Casual*), doch heißt es in Beach-Restaurants **No shoes, no shirt, no service** – barfuß oder mit freiem Oberkörper kein Zutritt. Ohnehin sollte man Restaurants nicht allzu leicht bekleidet betreten: Meist kühlt eine Klimaanlage die Luft auf ca. 18 °C ab. Nur in einigen eleganten Restaurants wird zum Dinner Abendgarderobe (*Formal wear*) erwartet.

In allen Restaurants wird zum Essen Eiswasser (*Water*) serviert. Niemand hat etwas dagegen, wenn sich der Gast damit begnügt. Bei Wasser und Eistee (*Ice tea*) gibt es wie beim Kaffee kostenlose **Refills**.

Die Portionen sind oftmals sehr reichhaltig. Wenn von den üppigen Fisch- oder Steakportionen etwas übrigbleibt, lässt man sich die Reste in eine **Doggiebag** einpacken. Selbst in sehr guten Restaurants ist die Frage danach nicht ungewöhnlich.

Trinkgeld

Trinkgelder *(Tips, Gratuities)* sind eine wichtige Einnahmequelle für die ansonsten schlecht bezahlten Bedienungen. Die üblichen Sätze liegen bei 15 % der Restaurantrechnung *(Check)*, in guten Lokalen fällt das Trinkgeld noch höher aus. Es bleibt entweder auf dem Tisch liegen oder wird als Betrag auf der Kreditkartenabrechnung eingetragen.

In Hotels erwartet das Zimmermädchen *(Room maid)* 1 bis 2 $ pro Übernachtung, der Page *(Bellhop)* 1 $ pro getragenem Gepäckstück, der Parkwächter *(Parking attendant)* 1 bis 2 $ für das Abholen und Wegbringen des Wagens. Der Taxifahrer *(Cab driver)* erhält 15 % Trinkgeld.

Rauchen

In den meisten öffentlichen Gebäuden herrscht Rauchverbot. Weder in Bars noch in Restaurants darf man rauchen, es sei denn, es gibt Plätze im Freien. Ansonsten bleibt nur der Weg auf die Straße.

Feiertage

Feiertage

1. Januar *(New Year's Day)*, 3. Montag im Januar *(Martin Luther King Jr. Birthday)*, 3. Montag im Februar *(President's Day)*, letzter Montag im Mai (*Memorial Day*/Heldengedenktag), 4. Juli (*Independence Day*/Unabhängigkeitstag), 1. Montag im September (*Labor Day*/Tag der Arbeit), zweiter Montag im Oktober *(Columbus Day)*, 11. November *(Veterans' Day)*, 4. Donnerstag im November *(Thanksgiving Day)*, 25. Dezember *(Christmas Day)*.

Festivals und Events

Januar

Tarpon Springs: *Epiphany Celebration* (6. Jan.): Segnung des Wassers, große Prozession (www.epiphanycity.org).

Miami Beach: *Art Deco Weekend* (Mitte Jan.): dreitägiges Festival mit Oldtimer-Fahrten, Straßenumzug und Führungen in Miamis Art Deco District (www.artdecoweekend.com).

Februar

Miami: *Coconut Grove Arts Festival* (3 Tage Mitte Febr.): Ausstellung von knapp 400 Künstlern aus aller Welt entlang des South Bayshore Drive (www.cgaf.com).

Daytona Beach: *Daytona 500* (Ende Febr.): berühmtestes NASCAR-Autorennen der Welt über 500 Meilen (www.daytonainternationalspeedway.com).

März

Miami: *Carnaval Miami* (So Mitte März): größtes hispanisches Festival der USA, im kubanischen Viertel Miamis (www.carnavalmiami.com).

Sarasota: *Sarasota Jazz Festival* (Anfang März): 1 Woche Jazz vom Feinsten (www.jazzclubsarasota.org).

Daytona Beach: *Bike Week* (Mitte März): zehntägiges Motorradtreffen, das besonders Harley-Davidson-Fahrer anzieht (www.officialbikeweek.com).

Tallahassee: *Springtime Tallahassee Parade* (Ende März): großer Downtown-Festumzug (www.springtimetallahassee.com).

April

Sarasota: *La Musica*: (10 Tage Mitte April): Festival für Kammermusik (www.lamusicafestival.org).

Orlando: *Florida Film Festival* (10 Tage Mitte April): die besten Independent-Filme (www.floridafilmfestival.com).

Mai

Fernandina Beach: *Isle of Eight Flags Shrimp Festival* (1. Maiwochenende): größtes Inselfestival mit Flottensegnung, Pirateninvasion und Feuerwerk (www.shrimpfestival.com).

West Palm Beach: *SunFest* (Anfang Mai): fünf Tage währendes Musik- und Kunstfestival am Strand (www.sunfest.com).

Juni

Fort Walton Beach: *Billy Bowlegs Pirate Festival* (1. Wochenende): vier Tage lang Piratenangriffe, Fackelumzug, Feuerwerk, Essen und regionale Musik (www.billybowlegspiratefestival.com).

Pensacola: *Fiesta of Five Flags* (zehn Tage Anfang Juni): Feier der Gründung von Pensacola mit Bootsparade und De Lunas Landgang (www.fiestaoffiveflags.org).

Juli

Sarasota: *Sarasota Powerboat Grand Prix* (Anfang Juli): Motorbootrennen mit mehrtägigem Rahmenprogramm (www.sarasotapowerboatgrandprix.org).

Key West: *Hemingway Days* (dritte Juliwoche): sechstägiges Festival zu Ehren des Schriftstellers mit Lesungen und Look-Alike-Wettbewerb (www.hemingwaydays.net).

Oktober

Key West: *Fantasy Fest* (Ende Okt.): prachtvoller Straßenumzug mit kunstvoll-verwegenen Kostümen und zehntägigem Rahmenprogramm (www.fantasyfest.com).

Dezember

St. Augustine: *British Night Watch* (1. Samstag im Dez.): Eine Zeltstadt mit Fackelzug durch die Altstadt versetzt den Ort ins 18. Jh.

Miami Beach: *Art Basel Miami Beach* (Anfang Dez.): glamouröse, viertägige Kunstmesse (www.artbasel.com)

Klima und Reisezeit

Die Tourismussaison variiert von Süden nach Norden. In **Südflorida** liegt die Hauptsaison zwischen Weihnachten und Ostern, in **Zentralflorida** herrscht um diese Zeit ebenfalls Hochbetrieb. Zusätzlich verbucht die Region rund um Orlando während der Sommerferien zwischen Memorial Day (Ende Mai) und Labor Day (Anf. Sept.) einen großen Besucheransturm. In **Nordflorida** sind die Strände im Sommer am meisten frequentiert.

Zum **Spring Break**, den ein- bis zweiwöchigen Frühjahrsferien der Universitäten im März, reisen die Studenten traditionell in Scharen nach Florida. Noch bis Mitte der 1980er-Jahre war Fort Lauderdale ihr populärstes Ziel. Mittlerweile haben sich die College-Studenten dort komplett zurückgezogen und suchen eher Ziele wie Daytona Beach auf.

Florida besitzt eigentlich nur zwei ausgeprägte Jahreszeiten, den trockenen Winter und den schwülheißen Sommer, mit beachtlichen regionalen Temperaturunterschieden im **Winter**. Während der Süden in der Regel keinen Nachtfrost kennt, kann es in Nordflorida durchaus vereinzelte Nächte mit leichten Frostgraden geben. Die **sommerlichen** Höchsttemperaturen sind in ganz Florida durchweg gleich, vier Monate lang ist es hier stets über 30 °C warm. Was der Jahreszeit einen unangenehmen Witterungseffekt verleiht, sind die fast täglich auftretenden kurzen, aber kräftigen Schauer und Gewitter und die damit einhergehende hohe Luftfeuchtigkeit.

Klimadaten Miami

Monat	Luft (°C) min./max.	Wasser (°C)	Sonnen-std./Tag	Regen-tage
Januar	15/24	22	8	6
Februar	16/24	23	9	5
März	18/26	24	9	5
April	20/28	25	9	5
Mai	22/29	28	9	8
Juni	24/31	30	8	10
Juli	25/32	31	8	13
August	25/32	32	8	13
September	24/31	30	7	15
Oktober	22/29	28	7	13
November	19/27	25	8	7
Dezember	16/24	23	7	5

Temperaturen werden in *Fahrenheit (°F)* angegeben. Umrechnung:

°C = (°F – 32) / 1,8
°F = °C x 1,8 + 32

°C	0°	10°	15°	20°	25°	30°	35°	40°
°F	32°	50°	59°	68°	77°	86°	95°	104°

Kultur live

Florida bietet eine abwechslungsreiche Kulturszene. Fast jede Großstadt des Bundesstaates besitzt einen großen Konzert- und Theaterkomplex. Insbesondere **Sarasota** genießt den Ruf einer bedeutenden Kulturmetropole. Dazu tragen zwei Adressen besonders bei, das *Asolo Repertory Theatre* (5555 North Tamiami Trail, Tel. 800/361 83 88, www.asolorep.org) und die *Van Wezel Performing Arts Hall* (777 North Tamiami Trail, Tel. 800/826 93 03, www.vanwezel.org). Ebenfalls Beachtung verdienen das *Adrienne Arsht Center for the Performing Arts* (1300 Biscayne Boulevard, Tel. 877/949 67 22, www.arshtcenter.org) in **Miami**, das *New World Center* (500 17th Street, Tel. 800/597 33 31, www.newworldcenter.com) in **Miami Beach**, das *Kravis Center for the Performing Arts* (701 Okeechobee Boulevard, Tel. 800/572 84 71, www.kravis.org) in **West Palm Beach** und das *Straz Center for the Performing Arts* (1010 North W.C. MacInnes Place, Tel. 813/229 78 27, www.strazcenter.org) in **Tampa**.

Sport

Angeln

Angeln darf in Florida jeder, der eine gültige Lizenz *(Fishing license)* besitzt. Diese gibt es für wenige Dollars vor Ort in Ausrüstungs- und Sportgeschäften oder Country Stores.

Es existieren unterschiedliche *Angellizenzen* und *Fangmengenbegrenzungen* für Süß- und Salzwasser. Gelegentlich gilt die ›*Catch and release*‹-Methode, bei der gefangene Fische vom Haken genommen und ins Wasser zurückgesetzt werden. Infos:

Florida Fish and Wildlife Conservation Commission, www.myfwc.com

Golf

Mit knapp 1500 oft wunderschön angelegten Plätzen, von denen ein Großteil für jedermann zugänglich ist, gilt Golf in Florida als Breitensport. Luxuriöse Hotels betreiben herrliche Anlagen, auf denen Gäste und Gastspieler willkommen sind. Die Ausrüstung kann man oft direkt am Golfplatz mieten oder kaufen. Infos:

www.visitflorida.com/golfing

Kajak- und Kanufahren

Da Florida ein sehr flacher Staat ist, kommen auch Anfänger nach kurzer Zeit dazu, gemütliche Ausflüge auf einem klaren See oder ruhigen Fluss zu genießen. Abseits der Zivilisation fühlen sie sich schnell wie die ersten Siedler, die per Kanu das Land erschlossen haben. Infos:

Florida Professional Paddlesports Association, www.paddleflausa.com, Tel. 800/268 00 83

Radfahren

In Florida mit seinem eher spärlich ausgebauten Radwegenetz sind Inseln ohne Durchgangsverkehr (wie Key West, s.S. 36, Palm Beach, s.S. 48 und Sanibel Island, s.S. 66) Ziele von Bikern. Ausgediente Eisenbahntrassen wurden zudem in Radwege umfunktioniert, z.B. die Route von Tallahassee nach St. Marks. www.floridastateparks.org/trail/Tallahassee-St-Marks.

Schwimmen

In Florida sind alle Meeresstrände öffentlich zugänglich. An vielen Stränden werfen Rettungsschwimmer *(Life guards)* ein Auge auf die Badegäste. Grüne **Flaggen** geben das Schwimmen frei, Gelb heißt Vorsicht, Rot Badeverbot. An den meisten Stränden herrscht striktes *Alkoholverbot*, auch *Nackt-* oder *Oben-Ohne-Baden* ist in der Regel nicht erlaubt. In den letzten Jahren wurden die Verbote etwas gelockert. Am Haulover Beach (www.sffb.com) nördlich von Miami Beach können **FKK-Anhänger** ungestört baden, in der *Canaveral National Seashore* existieren zwei inoffizielle Nacktbadestrände im hinteren Bereich von Apollo Beach und Playalinda Beach.

Dr. Beach (www.drbeach.org), die Institution zur Bewertung von US-Stränden, zählte 2016 Siesta Beach, Sarasota [s. S. 63], Grayton Beach State Park [s. S. 118] und Caladesi Island State Park [s. S. 77] zu den Top 10.

Wandern

Floridas **State Parks** besitzen ein dichtes Netz an Wanderwegen. Darunter sind viele kurze Naturlehrpfade *(Nature trails)*, kürzere und längere Wanderwege *(Hiking trails)* oder Rucksackwanderwege *(Backpacking trails)* mit Übernachtungsgelegenheit auf Campingplätzen *(Campgrounds)*, in Blockhütten *(Cabins)* oder Zelten im Hinterland *(Backcountry camping)*.

In Süd- und Zentralflorida ist Oktober bis April die beste **Zeit** zum Wandern. Im schwülheißen Hochsommer, wenn kräftige Regenschauer viele Wege unter Wasser setzen und die endlosen Seen und Tümpel Floridas den **Mücken** eine gute Lebensgrundlage bieten, machen Wanderungen weniger Spaß. Europäische Mückensprays zeigen oft nicht die gewünschte Wirkung. Vor Ort gibt es aber sehr effektive einheimische Mittel.

Statistik

Lage: Die relativ schmale, aber lang gestreckte Halbinsel Florida nimmt den äußersten Südostzipfel der USA ein. Ihr südlichster Punkt Key West liegt nur 145 km Luftlinie von Kuba, dafür aber knappe 1300 Straßenkilometer von Pensacola an Floridas Westende entfernt.

Regierung: In Floridas Hauptstadt Tallahassee führt der Gouverneur (zzt. Rick Scott, Republikaner) die Regierungsgeschäfte, das Parlament tagt im State Capitol.

Fläche: Florida umfasst eine Fläche von 184 693 km^2, insgesamt beträgt die Küstenlänge am Atlantik und Golf von Mexiko etwa 2200 km.

Wirtschaft: Der Sunshine-State verzeichnete 2015 Rekordzahlen von über 105 Mio. Besuchern sowie über 1,1 Mio Arbeitsplätzen in der Tourismuswirtschaft. Trotz der riesigen Anbauflächen insbesondere in Zentralflorida produzieren die Zitrusplantagen zwar knapp 60 % der gesamten US-Zitrusernte, aber der einst tragende Wirtschaftspfeiler Floridas beschäftigt nur noch 1 % der Arbeitnehmer des Bundesstaates. Boomende Wirtschaftszweige sind stattdessen das Dienstleistungsgewerbe, insbesondere im Gesundheitswesen.

Einwohner: Florida blickt auf einen stürmischen Bevölkerungszuwachs zurück. Von 35 000 Einwohnern um 1830 stiegen die Zahlen über 528 000 um 1900 auf über 20,3 Mio. im Jahre 2015. Im Schnitt haben sich die Bevölkerungszahlen alle 20 Jahre verdoppelt. Ein bedeutender Teil konzentriert sich auf die drei Metropolen Floridas: Großraum Miami/Fort Lauderdale/Palm Beach mit 6 Mio., Großraum Tampa/St. Petersburg mit 3 Mio., Großraum Orlando mit 2,4 Mio. Einwohnern.

Von den indigenen Bewohnern sind rund 2000 Seminolen in fünf Reservaten und 400 Miccosukee in einem Reservat verblieben. Insgesamt leben 72 000 indigene Amerikaner, 0,4 % der Einwohner des Staates, in Florida. Rapide steigt der Anteil spanischsprechender Einwohner. Die ›Hispanics‹ stellen mittlerweile in Miami mit 66 % die Bevölkerungsmehrheit.

Unterkunft

Im Allgemeinen bereitet die kurzfristige Zimmersuche keine Schwierigkeiten, das Angebot ist groß, die Quartiere sind selten ausgebucht. Ausnahmen sind Feiertage und große Veranstaltungen. Viele Hotels, Motels, Inns etc. annoncieren per Leuchtreklame mit *Vacancy* (Zimmer frei) oder *No vacancy*. Hochsaisonpreise zahlt man im Süden von Florida sehr ausgeprägt von Mitte Dezember bis Mitte Mai, im Norden von Florida weniger ausgeprägt zur Ferienzeit über Ostern und im Sommer.

Am einfachsten bucht man nach Ankunft im jeweiligen Ort bei der lokalen **Touristeninformation** mit Hilfe der ›Accomodations‹-Broschüren, in denen die Quartiere der Umgebung aufgelistet sind. Dort sowie in Supermärkten liegen häufig auch Coupon-Hefte aus, in denen man aktuelle Rabatt-Gutscheine für Hotels und B & Bs findet. Ansonsten kann man auch bequem von unterwegs für die nächsten Tage reservieren. Auch der umfangreiche Hotelanhang im *AAA Tour Book* für Florida ist dabei sehr hilfreich.

Bed & Breakfast

Übernachtungen mit Frühstück in privaten Gästehäusern sind in Florida sehr beliebt. Viele B & Bs verfügen über einen Garten mit Pool, einige Häuser nehmen keine *Kinder* auf. Die *Übernachtungspreise* beginnen für Zimmer ohne Telefon und Fernseher bei etwa 50 $ und bewegen sich bei gepflegten, mit Antiquitäten ausgestatteten Häusern bis in den Luxusbereich.

Florida Bed & Breakfast Inns (FBBI), Tel. 561/223 95 50, www.florida-inns.com. Überregionale Agentur für Herbergen mit gehobenem Standard.

Camping

Zelten oder Wohnmobilcamping im *Everglades National Park*, in den zahlreichen *State Parks* und *National Forests* ermöglichen besondere Naturerlebnisse. Die großzügig angelegten Stellplätze werden vielfach *First come, first served*, d.h. nach Reihenfolge der Ankunft vergeben. Auf öffentlichen **Campgrounds** berechnen sich die Gebühren per Stellplatz, unabhängig von der Personenzahl. Bezahlt wird abends beim Park Ranger oder am Eingangshäuschen. Bei *Self registration* deponiert man den Briefumschlag mit den Gebühren in einer speziellen Box neben der Infotafel am Eingang.

Private **Komfort-Campgrounds** weisen neben Zeltplätzen zumeist einen Großteil spezieller Wohnmobilplätze mit vollen Versorgungsanschlüssen *(Full hookup)* auf, die Stellplätze *(Sites)* verfügen über Stromanschluss *(Electricity)*, Frischwasserzuleitung *(Water)* und Abwasserabfluss *(Sewer)*. Die **Gebühren** sind deutlich höher als bei öffentlichen Plätzen.

Die größte überregionale **Campingplatzkette** der Komfortklasse, KOA, bietet darüber hinaus in der Regel Waschsalon *(Laundromat)*, Aufenthaltsraum, Pool, Spielplatz sowie Übernachtungen in einfachen Blockhütten *(KOA Kamping Kabins)*. Der KOA Road Atlas beschreibt die einzelnen Campgrounds in Florida und listet deren gebührenfreie Telefonnummern auf. Infos:

Kampgrounds of America (KOA), Tel. 888/562 00 00, www.koa.com

Cottages und Cabins

Rustikale Blockhütten oder gemütliche kleine Ferienhäuschen eignen sich gut für Reisende, die ein ›eigenes‹ Dach über dem Kopf schätzen und sich selbst verpflegen wollen. Meistens sind die komfortableren Cottages und Cabins mit Küche, Essecke, Wohnzimmergarnitur und gesonderten Schlafzimmern ausgestattet.

Klimatisierte Blockhütten in einigen **State Parks** sowie Stellplätze für Wohnmobile kann man meistens vorab zentral reservieren. Informationen und Buchung:

Florida State Campgrounds, Tel. 850/245 21 57, www.floridastateparks.org

Reserve America, Tel. 800/326 35 21, www.reserveamerica.com

Country Inns

Country Inns sind etwas größer als Bed & Breakfasts und ähneln eher kleinen Hotels. Sie zeichnen sich oft durch eine elegante historische Atmosphäre aus. Im Allgemeinen wird zur Übernachtung Frühstück, zuweilen auch Dinner angeboten. Die Übernachtungspreise liegen generell etwas höher als bei B & Bs.

Hotels und Motels

Preisangaben beziehen sich im Allgemeinen auf Doppelzimmer. Weitere Gäste (*Extra person*, kurz XP) im Zimmer zahlen nur einen geringen Aufschlag, doch gibt es kaum Nachlässe für Einzelpersonen. In den meisten Hotels ist anders als in B&Bs und Country Inns das Frühstück nicht inklusive.

ADAC Mitgliedern wird in vielen Hotels Rabatt gewährt, wenn sie bei der Buchung nach ›Triple A rates‹ des Partnerclubs AAA fragen.

Die überregionalen **Hotelketten** aller Preisstufen sind auch in Florida vertreten. Über die nachfolgenden Internetseiten kann man unter Angabe der Kreditkartennummer Zimmer reservieren. Wer die vorgebuchte Unterkunft nicht in Anspruch nimmt, muss rechtzeitig absagen *(Cancelation)*, sonst wird der Übernachtungspreis per Kreditkarte abgerechnet.

Einfache Motels

Motel 6	www.motel6.com
Days Inn	www.daysinn.com

Super 8	www.super8.com
TraveLodge	www.travelodge.com

Mittelklassehotels

Best Western	www.bestwestern.com
Choice Hotels	www.choicehotels.com
Holiday Inn	www.holidayinn.com
Howard Johnson	www.hojo.com
Ramada	www.ramada.com

Erstklassige Hotels

Hilton	www3.hilton.com
Hyatt	www.hyatt.com
Marriott	www.marriott.com
Radisson	www.radisson.com
Sheraton	www.starwoodhotels.com

Verkehrsmittel im Land

Bahn

Amtrak, die überregionale Eisenbahnlinie der USA, bedient mit einer Linie die Ostküste via Orlando, Tampa. Stehende Passagiere werden nicht transportiert, darum zeitig kostenlos Sitzplätze reservieren.

Amtrak, Tel. 800/8727245, www.amtrak.com

Über den günstigen *Amtrak USA Rail Pass* informiert auch:

CRD International, Tel. 040/300 6160, www.crd.de

Zwischen Miami (Airport) und West Palm Beach verkehrt die S-Bahn TRI-RAIL.

TRI-RAIL, Tel. 800/8747245, www.tri-rail.com

Bus

Die überregionale amerikanische Buslinie Greyhound bietet ein flächendeckendes Netz in den USA an.

Greyhound, Tel. 800/2312222, www.greyhound.com

Mietwagen und Wohnmobile

Mietwagen sind in Florida günstig. Inklusive unbegrenzten Kilometern, Vollkasko- und Haftpflichtversicherung, Gebühren und Steuern sind die Kosten niedriger als in Europa. Beliebt ist auch der Urlaub mit dem **Wohnmobil**. Vermietstationen gibt es in Miami, Orlando, Fort Lauderdale und Tampa.

Wer bereits **zu Hause** einen Mietwagen oder ein Wohnmobil bucht, kann preiswerte Komplettangebote nutzen. Für Mitglieder bietet die ADAC Autovermietung günstige Konditionen an. Buchungen über www.adac.de/autovermietung, die ADAC Geschäftsstellen oder unter Tel. 089/76762099. Bei der **Wagenübernahme** vor Ort werden dann Voucher (Gutscheine) des Reisebüros bzw. der Vermittlung, nationaler Führerschein, Reisepass und eine Kreditkarte verlangt. Der Fahrer muss mindestens 21 Jahre alt sein.

Die **Orientierung** im Straßenverkehr ist einfach. Autobahnen *(Interstates, I)*, überregionale Bundesstraßen *(US Highways, US)*, Staatsstraßen *(State Routes, SR)* und Landstraßen *(County Roads, CR)* tragen eine Himmelsrichtung sowie in Nord-Südrichtung ungerade bzw. in Ost-Westrichtung gerade Zahlen. Die Interstate 95 von Miami über Palm Beach nach Jacksonville heißt ›I-95 North‹, in Gegenrichtung entsprechend ›I-95 South‹. Autobahnausfahrten *(Exits)* sind in Meilenabständen durchnummeriert.

Gebührenpflichtige Straßen (*Toll Road* bzw. *Turnpike*) oder **gebührenpflichtige Brücken** (*Toll Bridge*) erkennt man an den Straßenschildern ›Last Exit Before Toll‹, ›Pay Toll‹ sowie dem Zusatz ›Toll‹ oder ›Toll Pass‹ bei der Straßennummer. Die Maut wird auf vielen *Toll Roads* nur elektronisch abgerechnet. Es gibt unterschiedliche Zahlungssysteme wie z.B. *SunPass* oder *Toll-by-Plate* (www.tollbyplate.com). Touristen sollten diese Angebote nutzen, da sie dann bequem und unterbrechungsfrei auf allen Straßen fahren können. Die Gebühren der Mietwagenfirmen können jedoch sehr unterschiedlich ausfallen.

SunPass Customer Service Center, Tel. 888/8655352, www.sunpass.com

Öffentliche Verkehrsmittel

Im öffentlichen Nahverkehr Floridas werden fast ausschließlich **Busse** eingesetzt. Da die Fahrer kein Wechselgeld herausgeben, muss man stets mit passendem **Kleingeld** bezahlen.

Lediglich in **Miami** gibt es eine Straßenbahn-Linie *(Metrorail,* www.miamidade.gov/transit*)*. In den Bussen und Bahnen des Großraums kann man mit den praktischen EASY Tickets bargeldlos bezahlen. www.miamidade.gov/transit/easy-card.asp. Sie sind u.a. an Automaten in allen Metro Rail-Bahnhöfen erhältlich. Vom Flughafen verkehren Busse nach Downtown und Miami Beach.

Taxi

Abends oder bei Fahrten in unbekannte Vororte sollte man auf öffentliche Verkehrsmittel verzichten und lieber mit dem Taxi fahren.

Sprachführer

Englisch für die Reise

Das Wichtigste in Kürze

Ja/Nein	*Yes/No*
Bitte/Danke	*Please/Thank you*
In Ordnung/Einverstanden.	*All right/Agreed.*
Entschuldigung!	*Excuse me!*
Wie bitte?	*Pardon?*
Ich verstehe Sie nicht.	*I don't understand you*
Ich spreche nur wenig Englisch.	*I only speak a little English.*
Können Sie mir bitte helfen?	*Can you help me, please?*
Das gefällt mir/ Das gefällt mir nicht.	*I like that/ I don't like that.*
Ich möchte ...	*I would like ...*
Haben Sie ...?	*Do you have ...?*
Gibt es ...?	*Is there ...?*
Wie viel kostet das?/ Wie teuer ist ...?	*How much is that?*
Kann ich mit Kreditkarte bezahlen?	*Can I pay by credit card?*
Wie viel Uhr ist es?	*What time is it?*
Guten Morgen!	*Good morning!*
Guten Tag!	*Good morning!/ Good afternoon!*
Guten Abend!	*Good evening!*
Gute Nacht!	*Good night!*
Hallo! Grüß Dich!	*Hello!/Hi!*
Wie ist Ihr Name, bitte?	*What's your name, please?*
Mein Name ist ...	*My name is ...*
Ich bin Deutsche(r).	*I am German.*
Ich bin aus Deutschland.	*I come form Germany.*
Wie geht es Ihnen?	*How are you?*
Auf Wiedersehen!	*Good bye!*
Tschüs!	*See you!*
gestern/heute/morgen	*yesterday/today/tomorrow*
am Vormittag/am Nachmittag	*in the morning/in the afternoon*
am Abend/in der Nacht	*in the evening/at night*
um 1 Uhr/2 Uhr ...	*at one o'clock/at two o'clock ...*
um Viertel vor (nach) ...	*at a quarter to (past) ...*
um ... Uhr 30	*at ... thirty*
Minuten/Stunden	*minutes/hours*
Tage/Wochen	*days/weeks*
Monate/Jahre	*months/years*

Zahlen

0	*zero*	20	*twenty*
1	*one*	21	*twenty-one*
2	*two*	22	*twenty-two*
3	*three*	30	*thirty*
4	*four*	40	*forty*
5	*five*	50	*fifty*
6	*six*	60	*sixty*
7	*seven*	70	*seventy*
8	*eight*	80	*eighty*
9	*nine*	90	*ninety*
10	*ten*	100	*a (one) hundred*
11	*eleven*		
12	*twelve*	200	*two hundred*
13	*thirteen*	1000	*a (one) thousand*
14	*fourteen*		
15	*fifteen*	2000	*two thousand*
16	*sixteen*	10 000	*ten thousand*
17	*seventeen*	1 000 000	*a million*
18	*eighteen*	½	*a (one) half*
19	*nineteen*	¼	*a (one) quarter*

Wochentage

Montag	*Monday*
Dienstag	*Tuesday*
Mittwoch	*Wednesday*
Donnerstag	*Thursday*
Freitag	*Friday*
Samstag	*Saturday*
Sonntag	*Sunday*

Monate

Januar	*January*
Februar	*February*
März	*March*
April	*April*
Mai	*May*
Juni	*June*
Juli	*July*
August	*August*
September	*September*
Oktober	*October*
November	*November*
Dezember	*December*

Maße

Kilometer/Meile	*kilometre/mile*
Meter/Fuß	*metre/foot*
Zentimeter/Zoll	*centimetre/inch*
Pfund/Kilogramm	*pound/kilogramme*
Gramm/Unze	*gramme/ounce*
Liter/Gallone	*litre/gallon*

Unterwegs

Nord/Süd/West/Ost	*north/south/west/east*
geöffnet/ geschlossen	*open/closed*
geradeaus/links/ rechts/zurück	*straight on/left/ right/back*
nah/weit	*near/far*
Wie weit ist es?	*How far is it?*
Wo sind die Toiletten?	*Where are the toilets?*
Wo ist die (der) nächste ... Telefonzelle/ Bank/Post/ Polizeistation/ Geldautomat?	*Where is the nearest ... telephone-box/ bank/post office/ police station/ automatic teller?*
Wo ist ... der Hauptbahnhof/ die U-Bahn/ die Bushaltestelle/ der Flughafen?	*Where is the ... main train station/ subway station/ bus stop/ airport, please?*
Wo finde ich ein(e, en)? Apotheke/ Bäckerei/ Kaufhaus/ Lebensmittelgeschäft/ Markt?	*Where can I find a ... pharmacy/ bakery/ department store/ food store/ market?*
Ist das der Weg/ die Straße nach ...?	*Is this the way/ the road to ...?*
Gibt es einen anderen Weg?	*Is there another way?*
Ich möchte mit ... dem (der) Zug/Schiff/ Fähre/Flugzeug nach ... fahren.	*I would like to go to ... by ... train/ship/ ferry/ airplane.*
Gilt dieser Preis für Hin- und Rückfahrt?	*Is this the round trip fare?*
Wie lange gilt das Ticket?	*How long will the ticket be valid?*
Wo ist ... das Tourismusbüro/ ein Reisebüro?	*Where is ... the tourist office/ a travel agency?*
Ich benötige eine Hotelunterkunft.	*I need hotel accommodation.*
Wo kann ich mein Gepäck lassen?	*Where can I leave my luggage?*

Zoll und Polizei

Ich habe etwas/ nichts zu verzollen.	*I have something/ nothing to declare.*
Ich habe nur persönliche Dinge.	*I have only personal belongings.*
Hier ist die Kaufbescheinigung.	*Here is the receipt.*
Hier ist mein(e) ... Geld/Pass/ Personalausweis/ Kfz-Schein/ Versicherungskarte.	*Here is my ... money/passport/ ID card/ certificate of registration/ car insurance card.*
Ich fahre nach ... und bleibe ... Tage/Wochen.	*I'm going to ... to stay there for ... days/weeks.*
Ich möchte eine Anzeige erstatten.	*I would like to report an incident.*
Man hat mein(e, en)... Geld/ Tasche/ Papiere/ Schlüssel/ Fotoapparat/ Koffer/ Fahrrad gestohlen.	*They stole my ... money/ bag/ papers/ keys/ camera/ suitcase/ bicycle.*
Verständigen Sie bitte das/die Deutsche Konsulat/ Botschaft.	*Please contact the German consulate/ embassy.*

Freizeit

Ich möchte ein ... Fahrrad/ Mountainbike/ Motorrad/ Surfbrett/ Boot mieten.	*I would like to rent a ... bicycle/ mountain bike/ motorcycle/ surf board/ boat.*
Gibt es ... einen Strand/ einen Freizeitpark/ ein Freibad/ einen Golfplatz/ eine Reitschule in der Nähe?	*Is there a ... beach/ theme park/ outdoor swimming pool/ golf course/ riding stable in the area?*
Wann hat ... geöffnet?	*What are the opening hours of ...?*

Bank, Post, Telefon

Ich möchte Geld wechseln.	*I would like to change money.*
Brauchen Sie meinen Ausweis/Pass?	*Do you need my ID card/passport?*
Wo soll ich unterschreiben?	*Where should I sign?*
Wie lautet die Vorwahl für ...?	*What is the area code for ...?*
Wo gibt es ... Telefonkarten/ Briefmarken?	*Where can I get ... phone cards/ stamps?*

Tankstelle

Wo ist die nächste Tankstelle?	*Where is the nearest petrol station?*
Ich möchte ... Liter ... Super/Diesel/ bleifrei.	*I would like ... litres of star/diesel/ unleaded.*

Volltanken, bitte.	*Fill it up, please.*
Bitte, prüfen Sie ...	*Please check the ...*
den Reifendruck/	*tire pressure/*
den Ölstand/	*oil level/*
den Wasserstand/	*water level/*
das Wasser für die Scheibenwischanlage/	*water in the windscreen wiper system/*
die Batterie.	*battery.*
Würden Sie bitte ...	*Would you please ...*
den Ölwechsel/	*change the oil/*
den Radwechsel vornehmen/	*change the tires/*
die Sicherung austauschen/	*change the fuse/*
die Zündkerzen erneuern/	*replace the spark plugs/*
die Zündung nachstellen?	*adjust the ignition?*

Mietwagen

Ich möchte ein Auto mieten.	*I would like to rent a car.*
Was kostet die Miete ...	*How much is the rent ...*
pro Tag/	*per day/*
pro Woche/	*per week/*
mit unbegrenzter km-Zahl/	*including unlimited kilometres/*
mit Kaskoversicherung/	*including comprehensive insurance/*
mit Kaution?	*with deposit?*
Wo kann ich den Wagen zurückgeben?	*Where can I return the car?*

Unfall

Hilfe!	*Help!*
Achtung!/Vorsicht!	*Attention!/Caution!*
Rufen Sie bitte schnell ...	*This is an emergency, please call ...*
einen Krankenwagen/	*an ambulance/*
die Polizei/	*the police/*
die Feuerwehr.	*the fire department.*
Es war (nicht) meine Schuld.	*It was (not) my fault.*
Geben Sie mir bitte Ihren Namen und Ihre Adresse.	*Please give me your name and address.*
Ich brauche die Angaben zu Ihrer Autoversicherung.	*I need the details of your car insurance.*

Panne

Ich habe eine Panne.	*My car's broken down.*
Der Motor startet nicht.	*The engine won't start.*
Ich habe die Schlüssel im Wagen gelassen.	*I left the keys in the car.*
Ich habe kein Benzin/ Diesel.	*I've run out of petrol/ diesel.*
Gibt es hier in der Nähe eine Werkstatt?	*Is there a garage nearby?*
Können Sie mir einen Abschleppwagen schicken?	*Could you send a tow truck?*
Können Sie den Wagen reparieren?	*Could you repair my car?*
Bis wann?	*By when?*

Krankheit

Können Sie mir einen guten Deutsch sprechenden Arzt/ Zahnarzt empfehlen?	*Can you recommend a good German-speaking doctor/ dentist?*
Wann hat er Sprechstunde?	*What are his office hours?*
Wo ist die nächste Apotheke?	*Where is the nearest pharmacy?*
Ich brauche ein Mittel gegen ...	*I need medication for ...*
Durchfall/	*diarrhea/*
Halsschmerzen/	*a sore throat/*
Fieber/	*fever/*
Insektenstiche/	*insect bites/*
Verstopfung/	*constipation/*
Zahnschmerzen.	*toothache.*

Hotel

Können Sie mir bitte ein Hotel/eine Pension empfehlen?	*Could you please recommend a hotel/ Bed & Breakfast?*
Ich habe bei Ihnen ein Zimmer reserviert.	*I booked a room with you.*
Haben Sie ein ...	*Have you got a ...*
Einzel-/Doppelzimmer ...	*single/double room ...*
mit Dusche/ Bad/WC?	*with shower/ bath/bathroom?*
für eine Nacht/	*for a night/*
für eine Woche?	*for a week?*
Was kostet das Zimmer	*How much is the room*
mit Frühstück/	*with breakfast/*
mit zwei Mahlzeiten?	*with two meals?*
Wie lange gibt es Frühstück?	*How long will breakfast be served?*
Ich möchte um ... geweckt werden.	*Please wake me up at ...*
Wie ist hier die Stromspannung?	*What is the power voltage here?*
Ich reise heute abend/ morgen früh ab.	*I will depart tonight/ tomorrow morning.*
Haben Sie ein Fax/	*Have you got fax/*

Internetzugang/ einen Hotelsafe?	*internet access/ a hotel safe?*
Kann ich mit Kreditkarte bezahlen?	*Can I pay by credit card?*

Restaurant

Wo gibt es ein gutes/ günstiges Restaurant?	*Where is a good/ inexpensive restaurant?*
Die Speisekarte/ Getränkekarte, bitte.	*The menu/ the wine list, please.*
Ich möchte nur eine Kleinigkeit essen.	*I only want a snack.*
Ich möchte das Tagesgericht/ Menü (zu…)	*I like the dish of the day (at ...).*
Welches Gericht können Sie besonders empfehlen?	*Which of the dishes can you recommend?*
Haben Sie typische Gerichte der Region?	*Do you have local dishes?*
Gibt es vegetarische Gerichte?	*Are there vegetarian dishes?*
Haben Sie offenen Wein?	*Do you serve wine by the glass?*
Welche alkoholfreien Getränke haben Sie?	*What kind of soft drinks do you have?*
Haben Sie Mineralwasser mit/ ohne Kohlensäure?	*Do you have sparkling water/ noncarbonated water?*
Das Steak bitte ... englisch/medium/ durchgebraten.	*The steak ... rare/medium/ well-done, please.*
Kann ich bitte ... ein Messer/ eine Gabel/ einen Löffel haben?	*May I have ... a knife/ a fork/ a spoon, please?*
Das Essen war sehr gut.	*The food was excellent.*
Die Rechnung, bitte.	*The bill, please.*

Essen und Trinken

Abendessen	*dinner*
Ananas	*pineapple*
Apfelkuchen	*apple pie*
Bier	*beer*
Birnen	*pears*
Bratkartoffeln	*fried potatoes*
Brot/Brötchen	*bread/rolls*
Butter	*butter*
Ei	*egg*
Eier mit Speck	*bacon and eggs*
Eiscreme	*ice-cream*
Erbsen	*peas*
Erdbeeren	*strawberries*
Essig	*vinegar*
Fisch	*fish*
Fleisch	*meat*
Fleischsoße	*gravy*
Frühstück	*breakfast*
Gebäck	*pastries*
Geflügel	*poultry*
Gemüse	*vegetable*
Gurke	*cucumber*
Hähnchen	*chicken*
Haferplätzchen	*oat cakes*
Hammelfleisch	*mutton*
Honig	*honey*
Hummer	*lobster*
Kaffee	*coffee*
Kalbfleisch	*veal*
Kartoffeln	*potatoes*
Kartoffelbrei	*mashed potatoes*
Käse	*cheese*
Kohl	*cabbage*
Kuchen	*cake*
Lachs	*salmon*
Lamm	*lamb*
Leber	*liver*
Maiskolben	*corn-on-the-cob*
Marmelade	*jam, jelly, marmalade,*
Mittagessen	*lunch*
Meeresfrüchte	*seafood*
Milch	*milk*
Mineralwasser	*mineral water*
Nieren	*kidneys*
Obst	*fruit*
Öl	*oil*
Pfannkuchen	*pancakes*
Pfeffer	*pepper*
Pfirsiche	*peaches*
Pilze	*mushrooms*
Pommes frites	*chips, french fries*
Reis	*rice*
Reh/Hirsch	*venison*
Rindfleisch	*beef*
Rühreier	*scrambled eggs*
Sahne	*cream*
Salat	*salad*
Salz	*salt*
Schinken	*ham*
Schlagsahne	*clotted cream*
Schweinefleisch	*pork*
Sekt	*sparkling wine*
Speck	*bacon*
Suppe	*soup*
Thunfisch	*tuna*
Truthahn	*turkey*
Vanillesoße	*custard*
Vorspeisen	*hors d'œuvres*
Wein	*wine*
Weißwein	*white wine*
Rotwein	*red wine*
Roséwein	*rosé wine*
Würstchen	*sausages*
Zucker	*sugar*
Zwiebeln	*onions*

Register

Impressum

Herausgeber: GRÄFE UND UNZER VERLAG GmbH, München
Redaktionsleitung: Benjamin Happel
Autoren: Heike Wagner und Bernd Wagner
Aktualisierung: Bernd Wagner
Verlagsredaktion: Gernot Schnedlitz, Katja Tegler, Nora Köpp
Lektorat: Intermag Publishing GmbH, München
Bildredaktion: Gräfe und Unzer, Intermag Publishing
Satz: Intermag Publishing
Karten (Umschlag): ADAC e.V., München
Karten (Innenteil): Huber Kartographie Gmbh, München
Herstellung: Mendy Willerich
Druck: Drukarnia Dimograf Sp z o.o. (Polen)

Ansprechpartner für den Anzeigenverkauf:
KV Kommunalverlag GmbH & Co. KG,
MediaCenter München, Tel. 089/92 80 96 44

ISBN 978-3-95689-201-1

2., unveränderte Nachauflage 2017

GRÄFE UND UNZER

Ein Unternehmen der
GANSKE VERLAGSGRUPPE

Bildnachweis

Titel: Bunte Häuser am Fort Myers Beach
Foto: **mauritius images** (alamy)

Rücktitel: links: **Shutterstock** (S.Borisov);
rechts: **Shutterstock** (FloridaStock)

Action Press: 15.2, 79 – **Alamy**: 69 (M. Timothy O'Keefe) – **Associated Press**: 38 (Roberto Rodriguez), 45 (Wilfredo Lee) – **Aura**: 4.4 (Wh.), 90 (Emanuel Ammon) – **Avenue Images**: 4.1 (Wh.), 21 (RandyTaylor) – **Bildagentur Huber**: 2.1 (Wh.), 43 (Pietro Canali), 5.1 (Wh.), 5.4 (Wh.), 7, 9.2, 60.1, 63, 65, 74, 77 (R. Schmid), 11, 37, 56, 57.2 105.1 (Kremer) – **Corbis**: 2.4 (Mike Theiss), 10/11 (Sylvain Grandadam), 19, 41 (Bob Krist), 44 (N.N.), 59 (Franz Marc Frei), 103 (Ed Kashi), 109 (Gary W. Carter) – **Disney**: 4.2 (Wh.), 85 – **FloraPress**: 4.3 (Wh.), 93 (N.N.) – **Focus**: 3.4 (Wh.), 57.3 (Millard H. Sharp) – **Franz Marc Frei**: 3.3 (Wh.), 36 – **F1Online**: 3.1 (Wh.), 27, 60.2, 68.2, 114 (N.N.) – **Getty Images**: 16/17 (Walter Bibikow), 31 (Stephen Frink), 35.1 (Ben Cartland), 35.2 (Danita Delimond), 43.1 (Chuck Myers), 47 (Amanda Clement), 54 (N.N.) – **laif**: 2.2 (Wh.), 3.2 (Wh.), 20 (Hemispheres), 15.1 (Imke Lass), 22 (Neumann), 25 (Jörg Modrow), 28, 49 (Gerald Haenel), 62, 67, 68.1, 71, 73 (Christian Heeb), 80 (G. Haenel), 83 (Gregg Matthews), 107 (Ch.Heeb), 111 (G.Haenel), 121 (Neumann) – **Lonely Planet Images**: 91(Peter Ptschelinzew), 96 (Richard Cummins) – **Look**: 10, 29 (Hendrik Holler), 32 (Franz Marc Frei), 105.2 (N.N.) – **mauritius images**: 8/9 (N.N.), 12 (N.N.), 24 (F. Gierth), 46 (N.N.), 52 (Stephen Frink), 53, 57.1, 70, 81, 89, 94, 95, 97, 101, 112, 119, 120, 123 (N.N.) – **Okapia**: 66 (Ed Reschke) – **Prisma**: 14 (N.N.), 48 (Terrance Klassen), 78 (Ron Buskirk) – **Schapowalow**: 23 (Guido Cozzi), 58 (Huber) – **Shutterstock**: 26/27 (Richard Cavalleri), 117 (Jeff Kinsey) – **Stock Food**: 5.3 (Wh.), 6 (Eising) – **Süddeutscher Verlag, Bilderdienst**: 13 – **Vario Images**: 9.1, 113 – **Visum**: 116/117 (A. Vossberg) – **Waterframe**: 5.2 (Wh.), 6/7 (Tom Stack), 50 (Masa Ushioda) – **West Florida Historic Preservation Inc.**: 122 – **Ernst Wrba**: 64 – **Your Photo Today**: 2.3 (Wh.), 98/99

ADAC
ADAC Reiseführer plus
HAMBURG
Architektur · Theater · Museen · Nachtleben
Shopping · Spaziergänge · Hotels · Restaurants
Jetzt mit Kofferanhänger
ADAC Maxi-Faltkarte
HAMBURG
Maßstab 1:17 000
Mit Maxi-Faltkarte!
Foto © shutterstock.com